AF311878

DE LA PHILOSOPHIE CORPUSCULAIRE,

OU

DES CONNOISSANCES ET DES PROCÉDÉS MAGNÉTIQUES CHEZ LES DIVERS PEUPLES.

*Par M. DEL*******

.... *Multa que in illo.*
CLAUD. de Magn.

A PARIS,

Chez CUCHET, Libraire, rue & hôtel Serpente.

M. DCC. LXXXV.

Avec Approbation & Permission du Roi.

APPROBATION.

J'ai lu par ordre de Monseigneur le Garde des Sceaux, *La Philosophie corpusculaire*, & je n'y ai rien trouvé qui puisse en empêcher l'impression. A Paris, le 12 Novembre 1784. SAGE.

PERMISSION DU ROI.

LOUIS, par la grace de Dieu, Roi de France & de Navarre: A nos amés & féaux Conseillers, les Gens tenans nos Cours de Parlement, Maîtres des Requêtes ordinaires de notre Hôtel, Grand-Conseil, Prévôt de Paris, Baillifs, Sénéchaux, leurs Lieutenans Civils & autres nos Justiciers qu'il appartiendra; SALUT. Notre amé le sieur Cuchet, Libraire, Nous a fait exposer qu'il desireroit faire imprimer & donner au Public un Ouvrage intitulé : *De la Philosophie corpusculaire, ou des connoissances & des procédés magnétiques chez les divers peuples,* s'il Nous plaisoit lui accorder nos Lettres de permission pour ce nécessaires. A CES CAUSES, voulant favorablement traiter l'Exposant, Nous lui avons permis & permettons par ces présentes, de faire imprimer ledit Ouvrage autant de fois que bon lui semblera, & de le faire vendre & débiter par tout notre Royaume, pendant le tems de cinq années consécutives, à compter du jour de la date des présentes. Faisons défenses à tous Imprimeurs, Libraires & autres personnes, de quelque qualité & condition qu'elles soient, d'en introduire d'impression étrangere dans aucun lieu de notre obéissance. A la charge que ces présentes feront enregistrées tout au long sur le registre de la Communauté des Imprimeurs & Libraires de Paris, dans trois mois de la date d'icelles; que l'impression dudit Ouvrage sera faite dans notre Royaume & non ailleurs, en bon papier & beaux caracteres; que l'Impétrant se conformera en tout aux Réglemens de la Librairie, & notamment à celui du 10 Avril 1725, & à

l'Arrêt de notre Conseil du 30 Août 1777, à peine de
déchéance de la présente permission ; qu'avant de l'exposer en vente, le manuscrit qui aura servi de copie à
l'impression dudit Ouvrage sera remis dans le même état
où l'Approbation y aura été donnée, ès mains de notre
très-cher & féal Chevalier Garde des Sceaux de France,
le sieur HUE DE MIROMESNIL, Commandeur de nos
Ordres ; qu'il en sera ensuite remis deux exemplaires
dans notre Bibliotheque publique, un dans celle de notre
Château du Louvre, un dans celle de notre très-cher &
féal Chevalier Chancelier de France, le sieur DE MAU-
PEOU, & un dans celle dudit sieur HUE DE MIROMESNIL,
le tout à peine de nullité des présentes ; du contenu des-
quelles vous mandons & enjoignons de faire jouir ledit
Exposant & ses ayans cause pleinement & paisiblement,
sans souffrir qu'il leur soit fait aucun trouble ou empêche-
ment. Voulons qu'à la copie des présentes, qui sera imprimée tout au long, au commencement ou à la fin dudit
Ouvrage, foi soit ajoutée comme à l'original. Commandons au premier notre Huissier ou Sergent sur ce requis,
de faire, pour l'exécution d'icelles, tous Actes requis &
nécessaires, sans demander autre permission, & nonobstant
clameur de Haro, Charte Normande, & Lettres à ce
contraires ; CAR tel est notre plaisir. DONNÉ à Paris le
quinzieme jour du mois de Décembre, l'an de grace mil
sept cent quatre-vingt-quatre, & de notre regne le on-
zieme. Par le Roi, en son Conseil.

Signé LEBEGUE.

Regiftré fur le Régiftre XXII de la Chambre Royale &
Syndicale des Libraires & Imprimeurs de Paris, n°. 105,
fol. 222, conformément aux difpofitions énoncées dans la
préfente Permiffion ; & à la charge de remettre à ladite Cham-
bre les huit exemplaires prefcrits par l'article CVIII du Ré-
glement de 1723. A Paris, le 24 Décembre 1784.

Signé *FOURNIER, Adjoint.*

ERRATA.

Page 25, ligne 18, autres, lisez antres.

Page 34, lig. 13, l'auroient, lis. les auroient.

Page 41, lisez le titre avant les vers.

Page 72, lig. 23, conduisoit, lisez conduisit.

Page 77, ligne 13, mettez un point après maladie;

Ibid. ligne 14, supprimez le point après apparence.

Page 89, ligne dernière, que, lisez qui.

Page 105, ligne 8, ne peut, lisez ne peuvent.

Page 116, ligne 25, disparoissent, lisez disparoissoient.

Ibid. ligne 27, des zélés, lisez de zélés.

Page 120, ligne 22, supprimez depuis.

DE LA PHILOSOPHIE
CORPUSCULAIRE.

EN lisant les écrits de nos pères, on trouve souvent que, malgré l'orgueil de nos con‑noissances, nous sommes des enfans dégé‑nérés. Combien ils avoient trouvé dans les Arts de méthodes heureuses qui ont été oubliées, ou perdues! Combien d'inven‑tions, dont ils nous ont enlevé la gloire! L'antiquité semble avoir apprécié tous les systêmes; les principes de toutes les sciences ont germé dans son sein. Mais, si l'on ne peut décerner que bien rarement le laurier consacré aux Inventeurs, soyons, du moins, reconnoissans pour ceux qui, réfléchissant sur les idées anciennes, entrevoient quel‑quefois toute leur profondeur. Que ne leur doit-on pas s'ils parviennent à renouer les fils épars & légers, dont l'assemblage lioit un corps de doctrine lumineux & méconnu!

A

Le Magnétifme n'eft plus un fecret; on
commence à croire à l'exiftence d'un fluide
puiffant, répandu dans l'atmofphère, d'un
agent, principe de la vie, défigné fous divers
noms, & qui bien éprouvé & mieux connu,
peut donner les plus grandes lumières fur
l'Art de guérir, expliquer des faits jufqu'à
préfent regardés comme fabuleux, & dé-
chirer peut-être encore un peu le voile de
la Nature. M. Mefmer a renouvellé l'opinion ancienne fur le fluide magnétique, fur
les émanations corporelles; il nous redonne
le bout d'une chaîne abandonnée, mais qui
peut nous conduire à des vérités. Pourquoi
négliger d'en fuivre le cours? Tycho-Brahé
crut, avec fon fiècle, que les comètes
n'étoient que d'inconftans météores, qui fe
diffipoient dans les airs : il lut dans Sénèque
un paffage d'Apollonius Myndien, qui an-
nonçoit leur retour fixe & affuré : frappé de
cette idée, Tycho la publia, mais fans
pouvoir convaincre les Aftronomes de fon
tems. Cent ans après, parut Dominique
Caffini : fon génie puiffant régla les cieux;
les comètes furent reconnues pour des
corps céleftes, dont la durée ne fut plus
éphémère; il prédit leurs paffages, il fixa

leurs révolutions; & l'opinion de l'antiquité, dont il ne restoit plus qu'une foible trace, fut justifiée.

Qui sait jusqu'où la connoissance de l'émanation des corps peut s'étendre? Quel empire elle peut avoir? Pourquoi borner l'espace immense où le génie poursuit la vérité, qui souvent cède à ses efforts? Que l'homme seroit heureux si, possédant la faculté d'introduire en lui-même le fluide moteur, d'augmenter son intensité, & par conséquent son action sur l'économie animale, il pouvoit veiller sur sa propre conservation ! Lorsque sa santé est altérée, que les humeurs épaissies ne lui laissent plus voir autour de lui que des objets importuns ou fâcheux, qu'une profonde mélancolie le rend insensible à l'amour, à l'amitié & à tous les sentimens qui firent ses plaisirs, qu'il lui seroit doux de pouvoir aider puissamment la nature, qui tend toujours à le guérir & à le faire renaître au bonheur ! A l'abri des fautes de l'ignorance & des erreurs, cent fois plus dangereuses, des préjugés, il se débarrasseroit d'une foule de levains pernicieux qui minent & détruisent sa constitution.

Si cette idée n'est qu'une erreur, elle flatte la foiblesse humaine ; on se plaît à la conserver. Mais pourquoi n'oser penser que l'homme dégradé d'âge en âge, comme l'attestent les traditions de tous les siècles, peut remonter par ses lumières au terme heureux où de longs jours, & de plus douces jouissances étoient son partage, où ses forces plus actives & plus durables, bannissoient plus aisément les maux & créoient plus facilement les biens ? Sans doute il ne nous est pas réservé encore de porter à ce haut point la connoissance du principe élémentaire. Que de révolutions ne verra-t'on pas peut-être avant que le Magnétisme ait tous les effets qu'on en pourra obtenir ! Sa doctrine répandue dans les Indes, cachée sous les fables de l'Egypte & de la Grèce, jetta quelques traits lumineux que la masse des tems étouffa bientôt. Entrevue après mille ans par Épicure, qui en abusa, & mille ans après par Descartes & Newton, elle est bien éloignée encore d'être aussi approfondie que peut-être elle le sera un jour. Peut-être, faut-il que l'homme souvent éclairé, plus long-tems abruti, remontant sans cesse des ténèbres à la lumière, & retombant de la clarté dans la nuit, foit parvenu au dernier terme de dépériffement dont fon efpèce eft fufceptible, avant qu'il fache la réparer, lui faire acquérir plus de vigueur & lui reftituer fon antique énergie : peut-être alors un bienfaicteur du monde, poffédant les dons du génie dans un corps foible & dégradé, établira, par des expériences, la théorie de l'attraction fur l'homme, & la rendra claire & facile. Alors on pourra efpérer que l'efpèce humaine, fe relevant progreffivement, fe perfectionnant de génération en génération, retournera au terme, où brillante, forte & éclairée, elle n'aura rien à demander pour fa félicité à la Nature & à fon Auteur.

Je vais rapporter la caufe du Magnétifme, le principe dont plufieurs l'ont fait dériver ; décrire des procédés récemment découverts, heureufement employés, mais auxquels on donne peut-être trop d'extenfion. Douter que ces procédés foient fans effet, c'eft fe refufer à des témoignages trop nombreux : fe borner exclufivement à leur pratique, & leur attribuer plus d'efficacité qu'à tous les remèdes, c'eft paffer à une extré-

A 3

mité contraire. Dans ce foible Essai sur le
nouvel Art, moins Physicien qu'Historien,
rapprochant des détails épars, réunissant les
sentimens des Auteurs qui nous ont pré-
cédé, qu'il me soit permis de partager pour
un instant leur opinion & même leur cré-
dulité. En rassemblant quelques faits sur
l'ancien procès de la doctrine sympathyque
& corpusculaire, je laisse aux Naturalistes
& aux Médecins le soin de le juger. Puissent-
ils nous découvrir ce qu'on doit penser de
cette doctrine! Adoptée pendant des siècles,
oubliée pendant plusieurs autres, elle semble
mériter toute l'attention de celui où elle
reparoît.

CHAPITRE PREMIER.

Qu'est-ce que le Magnétisme ?

LES Auteurs anciens & nombreux qui ont admis les émanations corporelles, les ont attribuées à la pression d'un fluide subtil, léger, attractif & répandu dans l'atmosphère. C'est le Magnétisme. Lien général des molécules qui constituent tous les corps, il les presse, les traverse & les soumet à ses directions. Moteur des globes célestes, il forme la chaîne qui les unit, & devient la cause de cette tendance mutuelle, qui les fixe invariablement au lieu qu'ils occupent dans l'espace. Agent sensible & puissant, porté avec l'air, mêlé à l'eau, il s'insinue même où l'air & l'eau ne peuvent pénétrer. Principe actif du mouvement, il circule dans la Nature pour y entretenir la chaleur & la vie ; & son abondance plus ou moins grande semble y établir la série des êtres. Il passe de la pierre insensible aux métaux dont il détermine le mélange & l'union, de ceux-ci aux végétaux qui ont des formes & des senfations vitales, des végétaux aux ani-maux, & des animaux à l'homme. Par lui tout s'accroît, tout fe conferve, & peut-être tout fe détruit. Feu rapide & pur, les peuples l'adorèrent fous l'emblême de cet élément bienfaifant & redoutable : ils en firent avec raifon le defpote de l'univers.

Le Magnétifme a femblé un fils de la Terre ; on a cru qu'il prenoit naiffance dans fon fein. Il paffe du moins dans toutes fes couches, comme la sève dans les plantes, & le fang dans l'homme. Il combat fon inertie, il l'échauffe ; & père de la fécondité, il varie fes productions.

On a fait dériver le nom de Magnétifme de celui de l'aimant, appelé *Magnès*. Pline rapporte qu'un Berger Grec de ce nom, s'appercevant que le fer de fa houlette étoit violemment attiré vers une pierre, en fit reconnoître la propriété. D'autres Auteurs ont penfé que l'aimant fut nommé *Magnès,* du nom de la ville de Magnéfie, fituée au pied du mont Sypile dans l'Afie mineure, où ce foffile fut trouvé dans les premiers temps. Laiffons à leur obfcurité ces étymo-logies. Les Latins prirent des Grecs le nom de *Magnès*; & il eſt paſſé dans la langue allemande, qui appelle encore l'aimant *Magnet* (1).

Le fluide magnétique élaboré s'échappe des pores de la terre & vient entourer les corps qui reſtent immobiles, ou qui ſe meuvent ſur ſa ſurface: il a une direction ſuivie & des courans déterminés & ſemblables à ceux de l'aimant. Ce minéral lui-même ne ſemble être formé que de ſes parties les plus matérielles & les plus groſſières. Le fer, que les uns ont regardé comme le produit du ſouffre, & d'autres avec plus de raiſon, comme celui d'un fluide condenſé avec le limon terreſtre, eſt le conducteur le plus puiſſant de l'agent univerſel, il en propage, il en porte par-tout l'empire. Ce métal en effet eſt ſi généralement répandu, que quelques Chymiſtes l'ont nommé une troiſième eſpèce de terre, en n'en comptant que deux autres, la terre proprement dite & les rochers.

Dans toutes les parties de notre ſphère, l'aimant abonde ſans doute, mais la foibleſſe

______

(1) Les Eſpagnols nomment l'aimant *Piedramant*, les Anglois *Adamanſtone*, & les Italiens *Calamita*.

attachée aux travaux de l'homme ne permet pas de découvrir les maſſes premières, étendues près du centre du globe. Tout annonce cependant qu'elles y exiſtent ; l'aimant par ſa nature cherche les plus grandes profondeurs ; & ce qui le prouve, c'eſt que le meilleur eſt extrait des cavités les plus ſouterraines.

CHAPITRE II.

Syſtême d'Halley.

EDMOND Halley , que l'Angleterre s'eſt fait gloire d'avoir vu naître , digne d'apprécier le génie de Newton , & d'être l'ami de ce grand homme , qui ſuccéda à Wallis dans la Géométrie , à Flamſtéed dans la connoiſſance des mouvemens céleſtes , & qui ſurpaſſa & fit oublier ces hommes fameux , Halley ne put expliquer que par les courans magnétiques pluſieurs effets de la nature. Il crut que le centre de la terre contenoit un globe énorme d'aimant , dont la rotation particulière produiſoit divers phénomènes. Dans ſa théorie ſur les variations de la bouſſole , inſérée dans les mémoires de la Société royale de Londres , & qui ſe trouve encore dans l'Eſſai de Phyſique de Muſchembroëck , publié à Leyde en 1739, Halley démontra, par cette rotation, la déclinaiſon de l'aiguille aimantée. D'après le mouvement qu'il oſa aſſigner à ce globe intérieur , il dreſſa même une carte des variations de la bouſſole ; carte qui dirige les navigateurs au milieu des mers, & dont ils font tous les jours le plus grand ufage.

Suivant le même Phyſicien, les vapeurs répandues dans l'atmoſphère particulière qui s'étend entre le globe d'aimant & la terre, s'échappent du ſein de celle-ci, entraînent les corps dans leur cours, & produiſent les aurores boréales. Cette dernière opinion feroit d'autant plus probable, que le principal théatre de ce phénomène éclatant, paroît être les·lieux voiſins du pôle, lieux vers leſquels l'aimant ſe dirige ſans ceſſe, & où s'en fait ſans doute la plus grande évaporation. Les aurores boréales ſont très-fréquentes dans l'Iſlande depuis le ſolſtice d'hiver juſqu'au printems. Midleton aſſure de même que toutes les nuits d'hiver dans le Groënland ſont éclairées par ces apparences lumineuſes; & Ellis nous apprend que les contrées voiſines de la baie d'Hudſon & du pôle jouiſſent du même avantage.

Quoi qu'il en ſoit de cette idée d'Halley, le fluide magnétique paroît tellement ſortir de la terre, & ſe porter dans l'atmoſphère, que le fer rougi qu'on laiſſe refroidir s'aimante à ſes deux extrémités, ſi on le place dans ſa longueur perpendiculaire à la ſur-

face terreſtre dont il reçoit les émanations, &
parce que tout corps aimanté communique
ſa vertu à un autre corps , ſi ce dernier eſt
placé dans une direction convenable.

Ainſi , les grillages & les barreaux de
fenêtre qui ont reſté pendant long-temps
dans une poſition verticale , expoſés aux
courans de ce fluide , acquièrent la vertu
magnétique , ſans être frottés de la pierre
d'aimant. Ainſi , Philippe Coſta rapporte
qu'un morceau de fer courbé par un coup
de vent ſur le clocher de l'égliſe de Saint
Auguſtin , à Mantoue , fut trouvé poſſé-
dant éminemment la propriété attractive ,
lorſqu'on alla pour le redreſſer. Les croix
des clochers de Delft & de Marſeille avoient
preſque perdu entièrement leurs qualités
métalliques , pour conſerver celles de l'aimant , & deux exemples célèbres parmi les
Phyſiciens confirment encore cette vérité.
La croix du clocher de Saint Jean , à Aix ,
abattue par le tonnerre en 1634 , attiroit
& repouſſoit le fer. En 1690 , on démolit
le clocher de Chartres , & on trouva au
ſommet une très - grande quantité de fer
changé en pierres d'aimant ; elles avoient
acquis ſucceſſivement un accroiſſement

aſſez conſidérable pour écarter & faire fendre les pierres au milieu deſquelles elles étoient placées, & cauſer ainſi la chûte du clocher.

Outre les grandes maſſes d'aimant que notre globe enſevelit & nous cache, il nous en préſente en Allemagne, en Angleterre, & même en France. L'Auvergne en recèle, ainſi que les champs ſitués à l'embouchure de la Loire. L'Apennin, les monts de Norwège, l'ancienne iſle de Crète, aujourd'hui Candie, celle de Serfo, les côtes d'Arabie & celles de Guinée, offrent aux Naturaliſtes des aimants dont les propriétés peuvent être ſalutaires, & ne ſont peut-être pas aſſez connues.

CHAPITRE III.

Direction de l'aimant & du magnétisme.

LE fluide magnétique s'élançant du sein
qui le renferme, se répand dans l'atmosphère, & y prend un courant fixe du nord
au midi. C'est à cette tendance continue
vers les deux pôles du monde qu'on doit
l'application de la boussole à la navigation
moderne ; ce qui en a hâté & assuré les
succès.

Cette direction constante vient-elle de
ce que les mines d'aimant qu'on a trouvées
sont dans cette direction, hypothèse un peu
décréditée depuis la découverte de la mine
de Devonshire, dont les veines se propa-
gent dans un sens contraire, & de l'Est à
l'Ouest ? Peut-on croire avec Cardan &
Fracastor que ce soit l'attraction de l'étoile
polaire qui cause cette direction ? Faut-il
l'attribuer, comme Olaüs Magnus, à des
montagnes aimantées qui confinent le globe
terrestre ? Ces sentimens semblent plus ingénieux que probables. Ne vient-elle pas
plutôt de ce que la terre étant un sphéroïde

applati, & les pôles offrant par conséquent une denſité moins conſidérable, une croûte moins épaiſſe au fluide magnétique, il y afflue avec plus de force, parce que tout aimant attire d'un côté & repouſſe de l'autre l'aimant. Ainſi s'établit un courant ſubtil, mais permanent, de corpuſcules attractifs & magnétiques. Sortis en abondance d'un pôle, ils ſont attirés par l'autre dans le ſein où ils ſe ſont atténués & élaborés. Ils continuent leur circonvolution utile, paſſent dans les filières qui leur ſont propres, & ſont conduits avec célérité par les canaux ferrugineux dans tous les règnes de la nature où ils portent le mouvement, la chaleur & la fécondité.

De quelque manière qu'on veuille chercher à expliquer la cauſe de la direction de l'aimant, on ne peut nier ſes effets. Cette direction exiſte ; elle eſt uniforme. Tout corps placé du Sud au Nord, dans ſa plus grande ſurface, ſe chargera donc plus facilement des corpuſcules magnétiques qu'entraîne ce courant déterminé. Il en propagera, il en reſſentira plus aiſément & le contact & les effets.

En 1742, l'Académie des Sciences de Paris

Paris proposa pour sujet de son Prix, d'expliquer la nature & les propriétés de l'aiguille aimantée. Deux ans après, quatre Savans distingués partagèrent entre eux la couronne; c'étoient Euler, Dutour, Daniel & Jean Bernouilli. Leurs ouvrages, si utiles à connoître pour les progrès de la navigation, ne peuvent fournir des moyens à la pratique du nouvel Art. Il est inutile encore de rechercher avec soin pourquoi le flux magnétique se replie sur lui-même dans un aimant, & est toujours porté des pôles à la circonférence; des Physiciens renommés en ont donné des explications suffisantes, & dont le détail m'écarteroit de mon objet.

CHAPITRE IV.

L'Electricité & le Magnétisme ont-ils le même principe ?

Tout paroît agir dans la nature par des moyens simples & uniformes. La loi d'unité est celle qui convient davantage à la majesté de son plan, & dont elle semble s'écarter le moins. Dès qu'on trouve plusieurs effets semblables dans deux agens qui ont des noms distincts, & dont le principe n'est pas encore bien déterminé, on peut croire que ce principe est le même dans l'un & dans l'autre, & qu'ils naissent tous deux d'une cause semblable. Ainsi, le magnétisme & l'électricité doivent avoir la même origine ; du moins tout l'annonce ; car si ces deux fluides varient quelquefois dans leurs produits, ils se ressemblent dans le plus grand nombre.

Le magnétisme paroît l'agent général : il est moins chargé de parties hétérogènes : ses effets sont plus doux & moins déchirans.

L'électricité semble une combinaison formée du fluide magnétique, mais uni à des·particules inflammables & détonantes. Son action est plus rapide & plus tranchante.

L'un & l'autre diffèrent en un point. Dans l'électricité, on distingue les corps en idioélectriques & en anélectriques. Les premiers ne sont susceptibles d'électricité que par le frottement; les seconds la reçoivent par communication. Ceux - ci portent le fluide dans tout ce qui les environne ; mais les premiers, tels que le verre & toutes les matières vitrifiées, la soie & les résines, interrompent le cours des émissions, & servent, par leur interposition, à isoler les autres corps, c'est-à-dire, à les empêcher d'être électrisés. Dans le magnétisme, au contraire, nulle distinction entre les corps soumis à son influence ; point de différence entr'eux. Le fluide règne sur tous. Les gommes, les résines, les pierres, le plâtre, les bélemnites, les sels, les feuilles des arbres, les bois desséchés, le papier, les fils de soie & de coton, le soufre, l'arsenic & les cristaux qui bornent l'empire de l'électricité, cèdent au fluide magnétique. Ce dernier, plus subtilisé, moins imprégné de parties grossières & trop matérielles, pénètre par-tout.

Le verre même, qui a paru le corps le plus idioélectrique, placé entre deux aimants, laisse passer leurs effluences. S'il est scellé hermétiquement, il n'interrompt point la transmission du fluide, comme le démontrent les savantes expériences de Boyle; & le diamant, que Pline avoit regardé comme assez compacte pour intercepter le cours magnétique, en est traversé, & n'arrête point son pouvoir.

Ainsi que l'électricité, le magnétisme se communique entre les végétaux, les minéraux & l'homme. Comme elle, il tend à se mettre en équilibre, & à se distribuer également dans tous les corps contigus; & on voit un aimant fort, communiquer à un aimant foible une partie de son activité & de sa vigueur. Comme elle, il peut être appliqué par la médecine à délivrer de la paralysie, à débarrasser des obstructions, &c. L'un & l'autre ont les mêmes conducteurs, les mêmes moyens de se propager, de conserver, de recouvrer, d'augmenter & de diminuer l'intensité de leur puissance & de leur force.

Ainsi que le magnétisme, l'électricité donne au fer une sphère d'attraction; &

le frottement ne fert , fans doute , qu'à
développer dans tous les corps le principe
commun aux deux agens. Comme le magnétifme , l'électricité communique une
répulfion qu'Otto de Guérike a remarquée
& très-bien décrite. Comme lui , l'électricité accorde à l'aiguille non-aimantée une
direction vers le fud & le nord , & peut
changer cette direction par une commotion
en fens contraire. Comme le magnétifme ,
elle a une émanation fenfible. L'un &
l'autre préfentent enfin, & des obfervations,
& des phénomènes analogues.

Le tonnerre , ce météore étonnant &
redoutable, dont l'attente plonge la nature
dans un filence profond & craintif, qui
s'élance vers le ciel ou en tombe ; le tonnerre porte en lui-même la vertu magnétique, principe de l'électricité qui l'a formé.
Il la communique aux métaux , qu'il ne
détruit pas , & qu'il fe contente d'effleurer.
C'eft ainfi qu'il fuit par attraction le fer , &
particulièrement toutes les verges de métal ;
c'eft ainfi que , tombant dans un vaiffeau ,
fur une caiffe de couteaux & d'inftrumens
métalliques , il les aimanta fi fortement ,
qu'ils levoient des poids très-confidérables.

On ne put même leur faire perdre cette propriété qu'en les faifant rougir au feu ; moyen le plus actif pour dépouiller le fer de fon magnétifme.

Quiconque voudra étudier ce nouvel agent, étendre fon influence & fes effets, doit donc être verfé dans la connoiffance de l'électricité : il puifera dans cette étude des lumières utiles & des applications heureufes. Dans la chaîne générale qui unit les fciences naturelles entr'elles, l'électricité doit former l'anneau qui fuit celui du magnétifme. Et qui fait fi ce dernier ne tient pas à la clef de l'univers ?

L'Académie de Bordeaux demanda, vers le milieu de ce fiècle, fi la caufe des effets de l'aimant étoit celle de la foudre & de l'électricité. Comment cette queftion, & les expériences qui durent être faites pour la réfoudre, ne ramenèrent - elles pas à l'ancienne idée du magnétifme des corps animés ? Elle eût pu renaître alors, fi l'un des Médecins qui lifoient encore les Auteurs anciens, eût traité la queftion : mais ce fut un Jéfuite aftronome qui s'en occupa & fut couronné.

CHAPITRE V.

Magnétifme des corps. Eau magnétique.

L'AIMANT pénètre indiftinctement tous les corps ; mais il en attire quelques - uns plus fortement que d'autres. Le célèbre Mufchenbroeck a recherché avec une patience infatigable quels étoient ces derniers ; & en 1732 , l'Abbé de la Quintine travailla auffi fur le même objet. La plus grande partie des terres & des fables , les métaux & les fubftances minérales fe meuvent dans la fphère magnétique avec la plus grande activité.

Les animaux cèdent à fon impreffion : les cendres des vipères , des cloportes , des vers , des grenouilles , des limaçons , des lièvres , des brebis , &c. obéiffent à l'attraction , & reconnoiffent fon pouvoir.

Ce n'eft peut - être qu'à l'abondance du fluide magnétique que l'eau doit fa fluidité. Chaque goutte tend à en entraîner une autre. Bientôt le mouvement devient général , & conftitue enfuite les ruiffeaux & les fleuves. L'eau d'ailleurs , de quelque nature qu'elle foit , de puits , de fontaine ou de rivière , contient une infinité de particules métalliques , attirables par l'aimant , & foumifes à fa direction.

Sans croire à ces rochers purement magnétiques , qui , cachés fous les flots , & au milieu des mers , entraînoient , au rapport de Strabon , & du géographe Nudian , les vaiffeaux malheureufement chargés de clous & de barres de fer , & les fixoient à eux fans retour ; fans adopter les rêveries que l'hiftorien Gonzalès Orviédo & Olaüs Magnus ont débitées à ce fujet , on fait que les aimants tirés de l'Océan oriental & des rochers qui bordent les ifles Maldives , font très-forts. Auffi , loin que ce foffile perde fa qualité dans l'eau , il en acquiert une plus confidérable.

Le Père Kircher , qui a fait un Ouvrage fi volumineux fur l'aimant , où il a mêlé à quelques faits utiles tant de favoir fuperflu , nous apprend qu'ayant mis des aimants dans une horloge d'eau , ils y obtinrent , au bout d'un certain temps , une vertu fupérieure à

celle qu'ils avoient eue. «Tous les Jésuites, Magnet. p. 70.
» mes Confrères, dit l'Auteur, ont vu cette
» expérience , & peuvent l'assurer ». Le
meilleur aimant est extrait des plus grandes
profondeurs. C'est-là que s'échappent des
veines d'eau de toutes parts ; & les mines de
fer d'Allemagne , qui sont très - profondes
& très - humides , offrent aussi des pierres
d'aimant très-actives & très-recherchées.

L'élément qui ceint la terre, & divise ses
continens en une multitude de parties , qui
sort de son sein & y rentre par une infinité
de canaux , entraîne dans son cours des
torrens de matière magnétique ; il lui sert
de véhicule ; il la dépose dans les racines
des végétaux ; il s'en sert pour créer l'abondance , la fertilité des campagnes , pour
porter le mouvement dans les autres sou-
terrains, sur le sommet des montagnes, au
milieu des forêts, dans les plaines de l'air, &
par-tout où il est nécessaire aux opérations
sublimes de la nature.

Si l'eau est reconnue pour l'un des meil-
leurs conducteurs de l'électricité , l'un des
plus propres à s'en charger par voie de
communication , elle doit aussi transmettre

aisément le magnétisme ; elle doit en être imprégnée fortement. Aussi les Médecins magnétisans ont-ils imaginé des baquets, des cuves pleines d'eau, d'où, par le moyen de verges de fer plongées dans cette eau, ils ont conduit & soutiré le magnétisme.

CHAPITRE VI.

Influence du Magnétisme sur l'Art de guérir.

L'HOMME est composé, comme tous les êtres, de plusieurs substances diverses, de soufre, de sel, de particules minérales & attractives. Si les corps les plus durs, tels que les métaux, si ceux qui ont la plus grande analogie avec son espèce, tels que les reptiles & les animaux, sont susceptibles de magnétisme, il ne peut être à l'abri de son influence. Comment, en effet, un fluide subtil & immense qui circule continuellement dans l'atmosphère, & entraîne même dans sa direction des corps insensibles, ne presseroit-il pas un être foible, doué de la plus extrême sensibilité, & n'agiroit-il pas sur lui ? Aussi, tout nous démontre cette action.

Qui jette dans l'homme cette chaleur qui vivifie ses divers fluides, ce principe igné appelé par les uns *fluide éthéré*, par les autres *souffle vital*, par les Chymistes *phlogistique*, & qu'on peut aussi-bien nommer *Magnétisme ?* C'est cet agent puissant &

actif qui donne le reſſort à ſes nerfs, la mobilité à ſes muſcles, le mouvement à tous ſes fibres. " De cette cauſe réſultent les fa-
" cultés que nous nommons ſenſibilité,
" eſprit, imagination, génie, qui donnent
" le ton aux paſſions, aux volontés. Dans
" ce ſens, c'eſt avec juſteſſe qu'on ſe ſert
" des expreſſions de *chaleur* d'ame, d'ima-
" gination *ardente*, de *feu* de génie. C'eſt
" ce feu répandu en doſes différentes dans
" les êtres de notre eſpèce qui leur donne
" le mouvement, la chaleur animale, &
" qui les rend plus ou moins vivans. Ce feu
" ſi mobile & ſi ſubtil, ſe diſſipe avec fa-
" cilité, & pour lors il demande à être
" rétabli à l'aide des alimens qui le con-
" tiennent, & qui par-là ſe trouvent propres
" à remonter notre machine, à réchauffer
" le cerveau, à lui rendre l'activité nécef-
" ſaire pour remplir les fonctions intellec-
" tuelles. C'eſt le feu contenu dans le vin
" & **les** liqueurs fortes qui donne aux
" hommes les plus engourdis une vivacité
" dont ſans lui ils ſeroient incapables, &
" qui pouſſe les lâches mêmes au combat.
" C'eſt ce feu qui trop abondant en nous
" dans certaines maladies, nous jette dans

M. S. D. L.
N. pag. 135.

» le délire, & qui trop foible dans d'autres,
» nous plonge dans l'affaissement. C'est ce
» feu qui diminue dans la vieillesse, & qui
» se dissipe totalement à la mort. D'où vient
» le plus ou le moins de matière ignée
» qui décide de nos qualités? C'est de la
» mère qui nous a porté dans son sein,
» qui nous a communiqué une partie du
» feu dont elle fut animée elle-même, &
» qui avec son sang circuloit dans ses veines;
» c'est des alimens qui nous ont nourris;
» c'est du climat où nous vivons; *c'est sur-*
» *tout de l'atmosphère qui nous entoure.*
» Ces causes influent sur nos fluides & nos
» solides, & décident de nos dispositions
» naturelles ».

Qui donne au sang ces principes de vie
qui s'évaporent lorsqu'il disparoît, & cette
attraction si bien démontrée par Leuwenhoeck? Les globules qui forment ce fluide
sont susceptibles de la plus grande atténua-
tion; ils s'attirent réciproquement; ils ten-
dent à s'unir & à propager dans chaque
partie la chaleur & le mouvement.

Qui donne au sang cette couleur rouge
& foncée, si ce n'est ce qui colore les divers sels, le grenat, les pyrites, l'ochre &

la terre d'ombre, c'eſt-à-dire, le fer abon‑ damment extrait de ſa décompoſition. Ce métal, conducteur du fluide élémentaire, le porte avec lui & le tranſmet au ſang. Auſſi-tôt ſon cours devient rapide; de longs ruiſſeaux de pourpre circulent de toutes parts; une tranſpiration douce & ſalutaire s'établit, & le méchaniſme de la vie eſt exécuté.

Comme la ſurface d'une liqueur quel‑ conque, préſentée à un corps électrique, ſe ſoulève pour laiſſer paſſage à l'électricité qu'elle recèle; ainſi, le ſang & les divers fluides du corps humain ſe gonflent & pren‑ nent plus d'expanſion pour laiſſer ſortir ou pénétrer le magnétiſme. L'électricité a be‑ ſoin de plus grands efforts pour s'inſinuer, & le frottement lui ſert de véhicule. Le magnétiſme, moins compoſé, plus ſubtil, va, vient, entre par tous les pores, & en ſort avec plus de facilité.

CHAPITRE VII.

Médecine ramenée à un seul principe.
Opinion de Grimps & de Van-Helmont.

LE feu moteur de l'homme, qui jette dans
ses yeux un éclat constant & des éclairs rapides, fait éclore des roses sur le visage de
la beauté, & colore ses lèvres vermeilles.
Sa chaleur est-elle douce sans être brûlante? excite-t-elle sa vigueur sans la con-
sumer? se trouve-t-elle dans un juste équilibre avec les forces de sa constitution? c'est
alors le règne de la santé, don précieux de
la jeunesse, qui rend tout riant autour d'elle;
source de son activité & de ses désirs; bien
réel sans lequel tous les autres disparoissent,
dont la jouissance ne nous est accordée que
pour un temps, que trop souvent nous nous
efforçons d'abréger encore.

Le fluide vivifiant n'abonde-t-il plus dans
nos veines? n'anime-t-il plus que foiblement
nos divers ressorts? alors les liquides s'épais-
sissent en nous, fermentent, & se changent
en poisons corrosifs & douloureux; bientôt
la vigueur s'éteint, l'agrément des formes

diſparoît, & l'eſprit lui-même perd ſes idées & ſon énergie. Alors une vieilleſſe prématurée hâte ſes ravages ; & tous les maux qui aſſiègent l'homme, accourent, hideux & dégoûtans, lui rendre la vie un ſupplice, & précéder ſon inévitable deſtruction.

GRIMPS, Opuſc.

S'il n'eſt qu'un état de ſanté, il ne peut y avoir qu'un état de maladie, & on ne doit employer qu'un remède. C'eſt dans la nature qu'on peut le trouver. L'art y ajoutera des combinaiſons diverſes, il en variera les effets ; mais ſans pouvoir en changer le principe. La ſimplicité, l'unité dans une méthode, ſeront toujours des préſages heureux qu'elle amène une vérité à ſa ſuite ; & la ſeule idée de ramener la Médecine à un ſeul agent, à un fluide univerſel & élémentaire, doit mériter l'attention des hommes de l'art.

Avant M. Meſmer, pluſieurs Médecins avoient cherché à déduire tous nos maux d'une cauſe unique. Les uns les attribuoient à un *virus* vérolique, tranſmis d'âge en âge, dès le moment de la conception de chaque individu. D'autres, tels que Corneille de Bontékoë, au ſcorbut qui prenoit tel ou tel caractère de malignité, ſuivant les circonſtances.

tances. Le Docteur Lang, aidé des obfervations de Pline, ayant vu de petits vers
dans le fang fiévreux, prétendit que toutes
les maladies naiffoient des vers ; Hartzoeker
de même, leur donnoit pour caufe la mé-
tamorphofe des infectes qui pulluloient de
toutes parts dans le corps humain. Avec
plus de fondement Severinus, & fur-tout
le célèbre Van-Helmont, ayant découvert
les principes du magnétifme, & établiffant
leur théorie par l'expérience & les fuccès,
annoncèrent que tous les maux étoient produits par la feule abfence d'un fluide vital
qui laiffoit le temps à des fermens étrangers,
à des levains pernicieux de fe fixer en nous,
& de faire naître la douleur.

Offwald Grimps fuivant le même fyftême,
n'attribua qu'à cette feule caufe, les infirmités de l'homme ; & il affura qu'on ne
pouvoit l'en délivrer que par une méthode
unique. » C'eft vainement, difoit-il, que le
» mal prend diverfes formes, il faut le com-
» battre uniformément & fans relâche. La
» nature eft une, le principe de toute def-
» truction eft un ; on ne peut employer pour
» en retarder l'influence cruelle, qu'un ef-
» prit, un fouffle unique, propre à agite

C

» le principe de vie, & à lui donner plus
» d'activité; *unitas spiritûs super morbum*
» *agitans confideranda.* »

Si Séverin, Grimps & Van-Helmont leur
Maître, croyant à une feule fource de nos
maux, n'admirent, n'adoptèrent qu'un
moyen de les guérir; on ne doit pas penfer
qu'ils confeillèrent privativement tel ou tel
remède, fans jamais en accroître, en diminuer l'intenfité par des combinaifons diverfes. S'ils euffent employé les procédés
magnétiques, dont on fe fert en ce moment, il eft à croire qu'ils ne l'auroient pas
appliqué indiftinctement à tous les malades,
dans la perfuafion d'en obtenir toutes les gué-
rifons. Ces Médecins célèbres ne fe bornèrent pas à une pratique. S'ils agirent toujours
conformément à une méthode unique, s'ils
varièrent fes effets, fes moyens, fes applications. Ainfi que l'ordre de la nature doit
être confidéré, ils virent en grand l'Art de
guérir; ils le virent fimple dans fon principe,
étendu dans fes procédés : ils uferent donc,
fuivant les circonftances, de tout ce qui
peut donner à l'homme plus de vigueur, de
tout ce qui peut la diminuer. Tantôt ils
augmentèrent l'action du principe de vie;

bientôt ils la modérèrent. Ils exerçoient le
magnétisme, ils croyoient à son influence
souveraine, mais non pas circonscrite dans
tels signes & dans tel genre. Le magnétisme agit généralement dans les alimens,
les boissons, l'exercice, le contact de l'air,
& dans les diverses compositions pharma-
ceutiques propres à hâter ou à suspendre
ses effets. Sans doute en bien des cas les
procédés qu'on emploie sont salutaires &
utiles; mais doivent-ils être universels? Voir
tous les Médecins s'armer de baguettes,
s'entourer de baquets, proscrire aussi-tôt
la Médecine usuelle & pratique; c'est peut-
être ne pas connoître la vraie puissance de
l'agent qu'ils déifient. Négliger, d'un autre
côté, d'approfondir la théorie du magnétisme & les moyens de rendre ses effets
plus sensibles, de faire passer dans l'homme
les émanations de ce principe; ne point
chercher si son effluence, plus ou moins
grande, peut déterminer le siège des maux,
c'est ressembler aux barbares habitans
d'Ephèse. « Si parmi nous, disoient-ils,
» quelqu'un veut exceller, ou trouver un
» nouvel art, qu'il soit banni; qu'il aille
» porter ailleurs sa supériorité ou ses lu-

» mières ». Le vif transport de l'enthousiasme est aussi dangereux que le repos
apathique de l'habitude. L'enthousiasme ne
voit ordinairement qu'un des côtés de l'objet
récemment découvert; l'autre est devenue
aveugle, & elle ne permet pas qu'on l'éclaire.

CHAPITRE. VIII.

Émanations corporelles.

Tout corps a son atmosphère, & ses émanations particulières. Le minéral laisse échapper des fragmens imperceptibles de sa surface ; & la plante répand autour d'elle une nuée de vapeurs sensibles. Les fleurs, les fruits, les racines, les tiges des végétaux, laissent exhaler une multitude de corpuscules odorans ou sans odeur, dont les effets ne sont pas nuls sur l'économie animale. De-là, ces évanouissemens & ces trépas subits de personnes affectées par l'émanation des plantes. Le Médecin *Levinus Lemnius* sent ses yeux appésantis, & un sommeil profond s'emparer de ses sens : jetant alors des pommes de mandragore renfermées dans son cabinet, il reprend son état ordinaire. Ainsi, Martin Cromer parle d'un Evêque de Breslau, suffoqué par des roses ; & Triller, d'une jeune fille & d'une Comtesse de Salm, à qui des bouquets de violette causèrent des effets singuliers, suivis de la mort.

HALES, Statiq. des végétaux.

De reb. polonic. L. 1.

C'est des débris particuliers de chaque corps que se forme cette mer immense de molécules qui flottent dans les airs, composent l'atmosphère terrestre, s'attachent aux objets environnans ou qui les attirent, sont emportés par les vents dans les régions lointaines, tournent, s'élèvent & s'abaissent dans le trajet des rayons solaires.

Les animaux & l'homme, soumis à un flux & reflux continuels, absorbent le fluide élémentaire en eux-mêmes, & le laissent au dehors. La peau lâche & peu serrée le laisse entrer & sortir par une infinité, par une multitude de pores toujours ouverts. A l'aide du microscope, Leuwenhoeck en compta cent vingt sur la surface d'une ligne quarrée. C'est la source de la transpiration insensible, si abondante, si salutaire, & dont les molécules sont si divisées, que leur émission échappe à la vue la plus perçante.

Sanctorius, après s'être pesé trente ans avant & après chaque repas, prouva que, par la transpiration, l'homme restituoit à l'atmosphère plus de la moitié du poids des alimens solides & liquides qu'il avoit pris. Semblable à une étuve brûlante, il est donc sans cesse environné d'une fumée qui s'éva-

pore avec abondance, & une expérience de
Winslow l'a rendue visible. C'est par l'effet
de cette émanation continue, qu'une fille
ayant la jauniffe imprimoit, fuivant M. Borel,
Médecin à Caftres, une couleur jaune à
tous fes vêtemens, & même à l'argent
qu'elle portoit fur elle. Un habitant de
Plymouth, qui prenoit tous les matins un
peu d'efprit de vitriol dans fa boiffon, trouva
les clefs qu'il avoit dans fa poche extrêmement rouillées, quoiqu'il ne touchât jamais
à cette liqueur, & que n'en ayant point fur
lui, elle n'avoit pu s'évaporer.

Ce que le corps perd par la tranfpiration,
lui eft rendu par les alimens & par le fluide
vital ou magnétique foutiré de l'atmofphère, & qui lui eft communiqué par les
pores que les Anatomiftes nomment *inha-
lans*. Par l'intermède de ces pores, agiffent
tous les remèdes externes, tels que les
frictions, les applications & les bains. De
même que l'électricité rend continu l'écoulement d'un fluide dont le cours étoit in-
terrompu, le magnétifme aërien preffe &
fait effort par une infinité de conduits, pour
faire échapper par d'autres les émiffions
corporelles qui entraînent les humeurs

rebelles & trop engourdies. Les jets de cet agent utile en procurent d'autres, & renversent tout ce qui fait obstacle à une circulation libre & salutaire.

 Dans ses recherches sur l'électricité, Nollet a prouvé qu'un corps long-temps électrisé diminuoit de poids : il en doit être de même de celui qui est magnétisé. Le fluide ou les principes vitaux que le magnétisme introduit sont moins matériels & plus subtils que les corpuscules qu'il pousse au dehors : l'homme magnétisé doit donc sentir une foiblesse involontaire, qui doit s'accroître à chaque instant. Si on n'a pas cherché encore à déterminer la diminution de sa pesanteur, cette diminution probablement existe ; & ce qui le prouve, c'est que ceux qui sortent du traitement magnétique ont, pour l'ordinaire, appétit, & cherchent à réparer par la nourriture les déperditions qu'ils ont faites.

Si la certitude des émanations corporelles est établie, tous les effets de la sympathie & de l'antipathie s'expliquent. Sans porter le flambeau d'une critique trop exacte sur des faits que plusieurs Auteurs ont cités, qu'on me permette d'en choisir quelques-uns & de les rapporter.

CHAPITRE IX.

Il est des nœuds secrets, il est des sympathies,
Dont par les doux rapports les ames assorties
S'attachent l'une à l'autre.

Effets de la sympathie dans l'homme.

CETTE attraction des ames dont parle Corneille dans ces vers, est appelée avec assez de justesse par l'Espagnol Balthazar Gracian, *la parenté naturelle des esprits & des cœurs*. Ce flux, ce reflux permanent du principe vital & des humeurs corporelles dans l'homme, sans lequel le mouvement & la vie s'arrêtent, produit ces effets de la sympathie & de l'antipathie, qui deviennent plus naturels & moins merveilleux. L'atmosphère particulier à chaque individu retient du fluide général l'attraction & la répulsion qui lui sont propres. Dans les croisemens divers de ces atmosphères individuels, telles émanations sont plus attractives entre deux êtres, & telles autres plus répulsives. Il faut donc en revenir alors à la doctrine de l'ancien Rabbin Abraham Ben-Hannas. « L'aimant, disoit-il, attire le fer ;

» le fer est par-tout; tout est donc soumis
» au magnétisme. Ce n'est qu'une modifica-
» tion du principe général qui unit ou divise
» les hommes, & fait naître entr'eux la
» sympathie, l'antipathie & les passions »
*Magnes est, qui metallum trahit, & corpora,
& carnem.* inclure d'une suite de

Dans le royaume d'Arracan, disent les
voyageurs, lorsque le Souverain veut choisir
une nouvelle femme ou une maîtresse,
on en instruit les chefs des divers cantons.
Chacun d'eux envoye à la cour six belles
filles de seize ans. Ces jeunes beautés
paroissent à un jour déterminé, vêtues
d'une grosse robe de coton. Elles dansent à
l'ardeur d'un soleil brûlant, jusqu'à ce
qu'une sueur abondante ait innondé leurs
corps, & pénétré leurs vêtemens. Aussitôt
toutes les robes sont portées au Roi; il les
sent l'une après l'autre, & c'est d'après la
sensation qu'il éprouve alors, qu'il choisit
l'objet de ses vœux.

Le Baron de Vésins en mourant avoit
laissé sa femme enceinte : mais le fils qu'elle
mit au jour fut enlevé par des Bohémiens
entre les bras de sa nourrice, & porté en
Hollande. Après avoir erré long-temps avec

ſes raviſſeurs ; le jeune homme les aban-
donna pour apprendre le métier de cordonnier. Devenu habile dans ſa profeſſion,
il paſſa en Angleterre ; & il étoit à Londres,
lorſque ſon oncle maternel entra dans la
boutique où il travailloit, pour prendre la
meſure d'une paire de bottes. Le jeune
cordonnier ignoroit la nobleſſe de ſon ex-
traction, ſon nom véritable, & le lieu
même de ſa naiſſance ; mais à peine ſe fut-il
approché de celui à qui le ſang l'uniſſoit,
qu'un trouble extrême s'empara de ſes ſens,
qu'il prit une hémorragie conſidérable, &
qu'il tomba dans un profond évanouiſſe-
ment. Les bottes finies, ce fut Véſins qui
les rapporta. Il alloit les eſſayer, lorſque les
mêmes accidens ſurvinrent. M. de la Tour
Landri, ſon oncle, en rechercha la cauſe ;
& ayant appris que le jeune homme étoit
François, & avoit quitté une troupe de
Bohémiens qui l'avoit enlevé à ſa famille,
il ne douta preſque plus qu'il ne revît le
neveu depuis long-temps perdu, qu'on
avoit ſi ſouvent regretté. Il ſe ſouvint que
l'enfant avoit un ſigne entre les deux épaules ; & cette marque ayant été trouvée ſur

le jeune cordonnier, il se livra aussitôt au plaisir de lui faire changer son état contre celui de l'opulence & des honneurs. Vénis de retour en Anjou, épousa la fille de son oncle, à laquelle tous ses biens auroient appartenus, sans l'événement heureux qui l'avoit fait reconnoître. Comblé des faveurs de la fortune & de l'amour, il en marqua sa reconnoissance à Dieu, en fondant dans son bourg de Vésins, au Diocèse de la Rochelle, un hôpital pour vingt malades infirmes & pauvres; & cette fondation pieuse, dont le sujet est peu connu, fut confirmée au mois d'Avril 1639, par des Lettres-Patentes de Louis XIII.

Le Président de Beauquemar, & son frère jumeau, Capitaine dans un régiment, eurent la même figure & les mêmes inclinations. Le premier ressentit un frémissement douloureux, lorsque son frère reçut une blessure mortelle, & mourut lui-même peu de jours après.

Lib. 6, Ch. 41. Pasquier rapporte que les deux frères jumeaux Nicolas & Claude de Roussi, Seigneurs de Seyssonne & d'Origni, se ressembloient si fort, que lorsque l'un d'eux jouoit à la paume, & sortoit un instant, l'autre rentroit à sa place, sans que l'autre joueur s'en doutât; & plus frais, & par conséquent plus adroit, gagnoit toujours les dernières parties. Quelqu'un a remarqué qu'ils furent aimés des mêmes femmes, qu'ils eurent les mêmes goûts, les mêmes chagrins & les mêmes maladies.

2 Guérin, Avocat Général au Parlement d'Aix, ayant été condamné à perdre la tête, sa femme s'évanouit au moment de l'exécution. Revenue à elle-même, elle déclara qu'elle étoit sûre qu'à l'instant même son époux venoit de périr.

Une femme, suivant Agrippa, qui se sert du *miroir* d'une femme galante, ou qui met sa chemise, sent à l'instant un feu rapide qui émeut ses sens, & qui la porte au plaisir. Cette chemise rappelle l'amour extrême de Henri III pour la Princesse de Clèves, que Saint-Foix rapporte ainsi :

« Le mariage du Roi de Navarre, depuis Henri IV, avec Marguerite de Valois, & celui du Prince de Condé avec Marie de Clèves, furent célébrés au Louvre, le 18 Août 1572. Marie de Clèves, âgée de

Philos. occult. Lib. 1, Cap. 16.

feize ans, de la figure la plus charmante; après avoir danfé affez long-temps, & fe trouvant un peu incommodée de la chaleur du bal, paffa dans une garderobe; où une des femmes de la Reine-mère, voyant fa chemife toute trempée, lui en fit prendre une autre. Il n'y avoit qu'un moment qu'elle étoit fortie de cette garderobe, quand le Duc d'Anjou, depuis Henri III, qui avoit auffi beaucoup danfé, y entra pour raccommoder fa chevelure, & s'effuya le vifage avec le premier linge qu'il trouva: c'étoit la chemife qu'elle venoit de quitter. En rentrant dans le bal, il jeta les yeux fur elle, & la regarda, dit-on, avec autant de furprife que s'il ne l'eût jamais vue. Son émotion, fon trouble, fes tranfports, & tous les empreffemens qu'il commença de lui marquer étoient d'autant plus étonnans, que jufqu'alors il avoit paru affez indifférent pour ces mêmes charmes qui, dans ce moment, faifoient fur fon ame une impreffion fi vive ».

Il devint infenfible, difent les Auteurs de ce temps-là, à tout ce qui n'avoit pas de rapport à fa paffion. Son élection

à la couronne de Pologne, loin de le
flatter, lui parut un exil; & quand il fut
dans ce Royaume, l'absence, loin de diminuer son amour, sembloit l'augmenter.
Il se piquoit un doigt toutes les fois qu'il
écrivoit à cette Princesse, & ne lui écrivoit
qu'avec de son sang. Le jour même qu'il apprit
la nouvelle de la mort de Charles IX, il lui
dépêcha un courier pour l'assurer qu'elle
seroit bientôt Reine de France; & lorsqu'il
fut de retour, il lui confirma cette pro-
messe, & ne pensa plus qu'à l'exécuter. Il
pensoit que cela seroit aisé, parce que Marie
de Clèves étoit Catholique, & que le
Prince de Condé s'étoit séparé de la com-
munion romaine. Mais cette résolution fut
bien fatale à cette Princesse; car, peu de
temps après, elle fut attaquée d'un mal si
violent qu'il l'emporta à la fleur de son âge.
Les uns accusèrent son époux, les autres
Catherine de Médicis. Le désespoir de
Henri III ne se peut exprimer; il passa
plusieurs jours dans les pleurs & les gémisse-
mens, & lorsqu'il fut obligé de se montrer
en public, il parut dans le plus grand deuil,
& tout couvert d'enseignes & de petites
têtes de mort. Il en avoit sur les rubans

de fes fouliers, fur fes aiguillettes, & il commanda à Souvrai de lui faire faire des paremens de cette forte pour deux mille écus.

« Catherine de Médicis, ajoute St-Foix, en l'engageant à époufer .... fe de Vaudemont, une des plus belles perfonnes de l'Europe, avoit efpéré qu'elle lui feroit oublier celle que la mort lui avoit enlevée : peut-être l'efpera-t-il lui-même ; mais envain, ajoutent quelques mémoires du temps : l'image de la Princeffe de Condé fe retrouvoit toujours au fond de fon cœur, & le rempliffoit de trifteffe & d'amertume. Il ne ceffa jamais de l'aimer, quelques efforts qu'il fît, & quelques moyens qu'il employât pour tâcher d'étouffer cette malheureufe paffion, & pour diffiper une noire mélancolie qui le plongeoit quelquefois dans les accès du défefpoir ».

Marie de Clèves, douée, fuivant l'Etoile, *d'une beauté & d'une bonté fingulière*, mourut le 30 Octobre 1574. Elle étoit enterrée depuis long-temps dans l'Abbaye de St-Germain-des-Prés, lorfque fon amant fut prié par le Cardinal de Bourbon d'y venir à un grand repas. Mais à peine ce

dernier

dernier eut-il resté quelque temps dans cette maison, qu'il sentit une douleur si violente, qu'il voulut se retirer ; & son saisissement extrême ne put cesser que lorsqu'on eut sorti de sa tombe le corps de celle qu'il avoit tant aimée.

Par un effet des corpuscules sympathiques, existant même après le trépas, un Romain, dit-on, ne s'approcha jamais de l'urne respectée où étoient déposées les cendres de son amante, sans leur donner une chaleur assez grande, & une agitation sensible ; & lorsqu'on vint à déposer le corps du trop impétueux Abailard dans le tombeau d'Héloïse, les bras de cette épouse tendre & infortunée s'ouvrirent pour le recevoir.

CHAPITRE X.

Effets de l'antipathie dans l'homme.

Nous ne ressemblons pas tous au Berger Troyen, qui donna la pomme à la plus belle ; ce n'est pas toujours la plus belle femme qui obtient notre cœur. Une émotion intérieure, un frémissement involontaire & indépendant du pouvoir de la beauté, annoncent l'amour : des choses imperceptiblement senties, un mouvement inattendu, la discordance des tempéramens & des humeurs, ont souvent déterminé la haine.

Le Poëte Martial écrivoit à un Romain : « Je ne t'aime point, Sabidus, & je ne sais » pourquoi ; tout ce que je puis te dire, » c'est que je ne t'aime point ».

Non amo te, Sabidi, nec possum dicere quare ;
Hoc tantùm possum dicere, non amo te.

Où trouver en effet la cause de l'antipathie, de l'aversion subite que l'on ressent pour certaines personnes, ou pour certains objets, si on ne la voit dans l'impression désagréable, communiquée à nos nerfs, & par conséquent au cerveau, par les émissions de ces personnes ou de ces objets?

Germanicus tomboit en défaillance à la vue & au chant du coq; & Samuël-Godefroi Pelissius avoit connu un homme qui prenoit une sueur froide, si on lui présentoit une salade ou des harengs.

PLUTARQ.
de Odio.

Le Maréchal d'Albret s'évanouissoit en voyant la tête d'un marcassin; & le Comte de Bussi demandoit en plaisantant, dans ses Mémoires, s'il seroit permis à celui qui se battroit contre le Maréchal, de porter une épée d'une main & une tête de marcassin de l'autre.

Tom. 2, pag.
34.

Une dame, au rapport du célèbre Boyle, eut, dans une maladie, l'aversion la plus forte pour le miel. Ce Physicien croyant que cette antipathie n'avoit sa source que dans l'imagination, fit un emplâtre où il entroit du miel, & l'appliqua sur le pied de la malade. Celle-ci prit aussi-tôt une suffocation dangereuse, & de violentes convulsions qui ne cessèrent qu'en ôtant l'emplâtre.

« J'ai vu des gens, dit Montagne, fuir la » vue des pommes plus que les arquebu- » sades; d'autres, s'effrayer pour une souris;

Essais, Liv. 1,
Ch. 25.

D 2

» d'autres, rendre la gorge à voir de la
» crême ; d'autres, enfin, à voir braſſer un
» lit. Il peut y avoir à cela quelque propriété
» occulte ».

Jean Pechmann, connu par ſes ouvrages
théologiques, redoutoit extrêmement le
balayage, & la pouſſière qui en provient.
Dans ſa jeuneſſe, on le vit pluſieurs fois
s'élancer vers la fenêtre à l'aſpect d'un do-
meſtique tenant un balai, & qui venoit
dans l'appartement en faire uſage. Dans l'âge
mûr, il fuyoit comme un inſenſé s'il ren-
controit des gens occupés à balayer le pavé ;
& le ſeul bruit de cette occupation ſuffiſoit
pour répandre la pâleur ſur ſon viſage & la
crainte dans tous ſes ſens.

Le ſavant Médecin Danois, Olaüs Borri-
chius, mort en 1690, a rapporté une foule
d'exemples d'antipathie naturelle ; & c'eſt lui
qui nous fournit les ſuivans. Il avoit connu
à Copenhague un Gentilhomme Ecoſſois
qui ſe trouvoit mal, en voyant de l'anguille
rôtie ; un Braſſeur de bière qui ne pouvoit
vanner ni voir vanner de l'orge ſans reſſentir
pendant pluſieurs jours de cruelles douleurs
au viſage ; un Laboureur qui faiſoit des cris
involontaires, lorſqu'il voyoit un cheval ou

un chien, ou lorſqu'il entendoit ouvrir une porte; un Cabaretier qui prenoit la fièvre en appercevant du vinaigre, quoiqu'il pût très-bien en avaler, pourvu qu'il ne le vît pas; une demoiſelle, enfin, qui ſentoit une défaillance conſtante à l'aſpect d'une plume voltigeant en l'air, & qui s'évanouiſſoit bien-tôt, ſi on ne l'ôtoit promptement de ſes regards.

CHAPITRE XI.

Epreuve, ou Jugement de Dieu par le cercueil.

C'est l'observation de l'antipathie naturelle, & de l'émotion terrible & profonde, imprimée par le meurtrier sanguinaire à celui qui périt sous ses coups, qui fit établir sa condamnation, lorsque le sang sortoit à son approche des plaies de sa victime. L'extension de cette épreuve, dans une foule de cas, devint cruelle ; mais sa cause, dérivée du magnétisme, fut peut-être plus naturelle qu'on ne l'a pensé.

La réputation des âges, comme celle des individus, est souvent le fruit du hasard : on juge suivant les perceptions & les lumières qu'on a acquises. L'amour-propre voit-il une coutume, une méthode dont il ignore l'esprit ou l'utilité ? Il les croit insensées, & flétrit du nom de barbare le temps où elles furent en usage. La postérité doit nous rendre un jour le mépris que nous avons si souvent voué à nos pères. Si les fléaux de la nature, & ceux que l'homme a créés, engloutiffent l'imprimerie , ou du moins les écrits qui contiennent les procédés de nos fciences & de nos arts, une nation ignorante & foible, abandonnant le fil des expériences, nous donnera des idées fauffes , nous croira plus crédule qu'elle , & regardera comme des fables nos découvertes & nos fuccès.

L'homme infortuné qui défend fes jours contre un affaffin féroce , rempli d'effroi & du défir de fe venger , eft dans une anxiété douloureufe & extraordinaire. Ses nerfs font tendus ; fes mufcles fe foulèvent avec effort ; fon fang , échauffé , acquiert le mouvement le plus rapide : de toutes parts s'échappent des courans d'émanations qui s'attachent aux vêtemens & au corps du meurtrier. Si , quelques temps après , ce dernier approche de celui à qui il a donné la mort , ces cor-pufcules , lancés dans la plaie , peuvent y attirer encore ceux qui leur font analogues , & y réchauffer le fang que le trépas a glacé.

Gaffendi , dans fon Traité de Phyfique , ne doute point de ce phénomène. C'eft ainfi que s'exprime cet Auteur célèbre : *Poteft aliqua ad huc fieri colluctatio inter occifi fpiritus in fanguine fuperftites, & appellantia ab occifore corpufcula iis confimilia , quæ*

Part. 1, L. 6, Cap. 14.

occisionis tempore horrorem summum incur-
serunt. Cælius Rhodiginus est du même sentiment, pourvu qu'on limite le temps de
l'épreuve.

En France, en Allemagne & en Angleterre, pendant le 13e, le 14e & le 15e siècle,
lorsqu'un meurtre avoit été commis, on
cherchoit à découvrir l'assassin, en ordon-
nant l'*épreuve par le cercueil.* En effet,
l'homme assassiné étoit placé dans un cercueil ; & tous ceux qui étoient soupçonnés
du crime, étoient forcés de le toucher. Le
moindre mouvement dans les nerfs, les yeux
& le sang, étoit un indice frappant, que l'a-
veu du coupable confirma souvent.

Thomas Campanella raconte qu'un cadavre inhumé depuis quelques jours, & ensuite déterré par un orage, laissa échapper
quelques gouttes de sang à la présence du
meurtrier.

Le noble Izenhoff assassiné, fut trouvé
avec une main séparée du corps. Cette main,
dit Siméon Gaulantius, fut suspendue dans
la prison, & on plaça au-dessous tous ceux
qui furent accusés de cet homicide. Après
un temps assez considérable, un criminel est
arrêté ; la main déjà séchée semble se rani-

mer, & laisse tomber une dernière goutte de sang.

Le 21 Novembre 1407, le Duc d'Orléans, frère du Roi Charles VI, fut massacré par les émissaires secrets du Duc de Bourgogne, dans la vieille rue du Temple, à Paris. Ce fut Raoul d'Ocquetonville qui, d'un coup de hache d'armes, coupa la main dont le Prince conduisoit sa mule, & de deux autres coups lui fendit la tête. Lorsque le corps du Duc d'Orléans, le Prince le plus aimable de son siècle, eut été porté dans l'Eglise des Blancs-Manteaux, & que, dans la cérémonie de la sépulture, son ennemi s'en approcha, il répandit un peu de sang, & fit connoître dans le féroce Jean de Bourgogne, l'auteur de ce cruel assassinat.

« Il est constant, dit Mézerai, que Ri- Tom. 2,
» chard, Cœur-de-Lion, étant venu à Chi- pag. 227.
» non, pour célébrer les funérailles de
» Henri II, le corps de ce malheureux père,
» privé de la vie, n'ayant plus la parole pour
» reprocher à son fils son ingratitude &
» tous les chagrins qu'il en avoit essuyés,
» lança contre lui du sang en abondance
» par le nez & par la bouche, comme s'il

» se fût efforcé de lui dire : *saoule-toi de*
» *ce sang , dont tu étois si altéré* ».

Galeotus Marcius, & le célèbre Botaniste
Joachim Camerarius, rapportent plusieurs
autres exemples des émanations corporelles
contre les meurtriers, mais relatifs à des
personnes étrangères & moins connues.

CHAPITRE XII.

Mouvement & irritabilité des muscles.

Les corpuscules dont l'accord ou la répulsion produisent dans l'homme les sensations d'amour ou de haine, agissent sur son organisation intérieure, & donnent la sensibilité à ses nerfs, & l'irritabilité à ses muscles. Semblable au mouvement particulier, observé dans une pierre d'aimant, qui se replie sur lui-même, & forme diverses ondulations circulaires, celui d'un muscle qui se contracte, présente au microscope des fibriles qui se rident & se retirent, & le jeu d'un fluide qui se meut du centre vers les extrémités, & des extrémités vers le centre.

M. Bar-thès, Elém. de l'Homme, Ch. 4.

Ce sont les émanations subtiles de ce fluide, de ce principe de vie, qui causent des tremblemens, des contractions vives & répétées dans la partie séparée d'un corps vivant qui vient de souffrir une lésion, une opération prompte. La queue du lézard mise en morceaux, la patte arrachée à une grenouille, se meuvent assez long-temps.

History, &c.
Sect. IX, 31.
STUCK,
p. 168.

Bacon rapporte que le cœur d'un crimi-nel, arraché du corps, fit plusieurs sauts considérables. On a vu bondir des têtes qu'on venoit de trancher; & une autre, après sa séparation, suivant M. de Melle, continua, pendant sept minutes, de tourner les yeux, d'ouvrir la bouche, & d'exécuter tous les mouvemens de la vie.

Robert Whytt, Peyer & M. l'Abbé Fontana ont écrit plusieurs autres observations semblables sur cette irritabilité des muscles après leur scission. Si la volonté seule dirigeoit les mouvemens de l'homme, son pouvoir ne pourroit s'étendre hors des limites corporelles : ce n'est donc point à son action, comme l'a démontré très-savamment M. Barthès, qu'est due l'irritabilité vive & souvent durable de la partie extirpée; elle est produite par les effluences qui découlent de la plaie, & qui sur-tout jaillissent du sang. Le fluide magnétique qui abonde dans ce liquide & qui s'en évapore, qui a déterminé un mouvement quelconque à l'instant de l'opération, le fait exécuter encore par la partie du corps qui vient d'en être retranchée. Ainsi Perrault vit une vipère à qui on avoit coupé la tête, continuer sa

Voyez BAR-THÈS, ib.
PERRAULT,
Mém. sur les
Anim.

route vers un amas de pierres où elle avoit l'habitude de se retirer ; & Kaau Boërrhave observa qu'un coq dont on trancha la tête avec un rasoir à l'instant qu'il couroit avec avidité vers le grain qu'on lui présentoit, parcourut avec la même vîtesse, & dans la même direction, un espace de vingt-trois pieds.

L'Empereur Commode, dont tous les plaisirs étoient cruels, se procuroit souvent, au rapport d'Hérodien, le même spectacle. Armé d'un arc & d'une flèche, dont la pointe formoit un croissant, il enlevoit la tête à une autruche qu'on faisoit courir dans le Cirque, & l'oiseau continuoit pendant quelque temps sa course, comme s'il n'avoit éprouvé aucune blessure.

CHAPITRE XIII.

Sympathie dans les mouvemens du corps humain.

NON-SEULEMENT le fluide magnétique établit des contractions semblables entre les parties des muscles qu'on vient de séparer, mais il produit souvent des mouvemens sympathiques dans les divers organes du même corps, soit qu'ils aient quelque relation cachée entr'eux, soit qu'il n'en existe pas. Ces mouvemens, qui ont étonné bien des fois les Médecins qui ont réfléchi sur leur art, ont mérité toute l'attention d'Astruc, de Réga, de Whytt, & sur-tout de M. Barthès. Ce dernier, qui a si bien expliqué par le jeu d'un agent subtil qu'il nomme *principe vital*, & qui peut aussi bien se nommer magnétisme, le système de l'homme, a répandu beaucoup de lumière sur ce sujet. Contentons-nous de citer les faits ; ce sont eux seuls qui peuvent éclairer sur la certitude d'une théorie nouvelle. « Souvent, dit Fontenelle, des vérités de » faits qui existoient séparées, offrent si

Hist. de l'A-
cad. année
1699, préf.

» vivement à l'esprit leurs rapports & leur
» mutuelle dépendance, qu'il semble qu'a-
» près avoir été détachées par-une espèce
» de violence les unes des autres, elles
» cherchent naturellement à se réunir en
» un corps dont elles étoient les membres
» épars ».

On sait que l'inflammation d'un œil passe
bientôt à l'autre. Dans une fièvre rhumatif- *Prat. de Méd.*
male, Rivière a remarqué que le frisson
s'empare dans le même instant des deux
épaules, & progressivement ensuite des
autres membres parallèles : & Morgagni, *Epist. anat. Med. x.*
d'après Valsava, a rapporté qu'un enfant qui *BARTHÈS. Elément de l'Hom. Ch. 8, 9.*
avoit des convulsions dans une main, sentoit
une prompte contraction & des douleurs
violentes dans chaque doigt de la main saine,
sitôt qu'on étendoit ou qu'on pressoit les
doigts correspondans de la main malade.

Cette sympathie entre des parties du
corps qui se ressemblent dans leur configuration & leur usage, paroît moins surprenante encore que dans celles qui paroissent
n'avoir aucun rapport, aucune similitude
entr'elles.

L'estomac, celui de tous les viscères qui est
doué d'une plus grande irritabilité, ressent

& procure une multitude d'effets sympathiques. Est - il lésé ? Bianchi y a vu une cause d'appoplexie , d'épilepsie , de l'affoiblissement de la vue , & d'une foule de maux dans divers organes qui semblent n'avoir aucune communication avec lui. Est-il enflammé ? Heister a observé que le gosier se resserroit , & que la déglutition devenoit très-difficile.

Si la matrice est affectée, on sent quelquefois une douleur vive dans les parties externes de la tête ; & ce qui la fait naître la fait nommer *clou hystérique*. Si un intestin est blessé , la digestion ne se fait plus qu'avec peine. Si la tête reçoit une plaie , il survient souvent des abcès au foie. Des vers fatiguent-ils les intestins ? une démangeaison se fait sentir au nez. Un vaisseau sanguin est-il piqué ? Haller & M. l'Abbé Spalanzzani ont remarqué aussitôt un mouvement rapide du sang dans les vaisseaux voisins. Fabricius Hildanus trouve un malade avec le bras paralytique, parce qu'une boule de verre a été introduite de force dans son oreille. Rumler reconnoît qu'une blessure à la tête produit de même une paralysie. Bidloo , enfin , fait pénétrer un stylet dans

Anat. corp. human.

la

la nuque d'un chien , & déchire un peu la moëlle de l'épine : trois jours après , la vue de l'animal s'affoiblit , la cornée s'ulcère , & l'œil tombe (1).

Ainſi , le fluide vital agiſſant ſans ceſſe dans l'intérieur de l'homme , & circulant avec ſon ſang , porte dans des parties ſouvent éloignées , & entièrement ſéparées de celles qui ſont affectées , les principes du mal , & établit entr'elles des communications ſympathiques qui n'ont pas été encore aſſez obſervées.

---

(1) Bidloo , Hollandois , & Médecin de Guillaume III , Roi d'Angleterre , fut du très-petit nombre de Médecins qui aient uni à l'étude d'un art ſérieux & auſtère , la ſociété des Muſes , & qui ſe ſoit diſtingué également par de bons ouvrages de Médecine , & par des vers agréables. Ses poëſies ont été publiées à Leyde.

CHAPITRE XIV.

Verge de Jacob, ou Baguette divinatoire.

Si l'on admet une matière subtile circulant en tous lieux, preffant tous les corps, & caufant des émanations, il n'eft pas impoffible que les vapeurs qui s'élèvent au deffus des métaux & des fources, cachés dans le fein de la terre, traverfent dans l'atmofphère, pénètrent l'homme doué d'une fenfibilité extrême, & lui caufent des émotions remarquables & des effets involontaires. Les émiffions aqueufes dilatant le tiffu de la peau, détendent les nerfs, & peuvent produire un affaiffement très - prompt, des palpitations de cœur & des vertiges. La dilatation étant plus grande, l'homme hydrofcope, c'eft-à-dire, qui connoît les fources, éprouve une déperdition confidérable, au moyen d'une effluence plus abondante. Cette effluence s'infinuant dans les pores de la baguette de coudrier, nommée verge de Jacob par les anciens qui avoient reconnu fa propriété, & trouvant dans chacun de ces pores une égale réfiftance, la déterminent à un mouvement circulaire. De-là , les prédictions & les découvertes de Bléton , recueillies dernièrement par M. Thouvenel, & consignées dans plusieurs Journaux.

Chauvin , Médecin de Lyon , & l'Abbé de Vallemont ont cherché, au commencement de ce siècle, à ramener le phénomène de la baguette aux principes de la saine Physique ; & depuis leurs écrits, M. Formey s'est occupé du même objet.

Suivant lui , une transpiration abondante de corpuscules grossiers , sortis des mains & du corps , peut rompre la colonne de vapeurs qui s'élèvent de la source , & empêcher son action en obstruant les pores de l'homme. C'est pourquoi la baguette n'opère pas toujours dans la main de l'hydroscope , & ne tourne pas dans celles de tout le monde.

On a attribué à la verge de Jacob le pouvoir de désigner non-seulement les eaux cachées à de très - grandes profondeurs , mais encore les mines & les métaux enfouis. Un fait moderne, rapporté par l'Auteur de l'intéressant Dictionnaire des merveilles de

VALL. Phys. occulte.

la Nature (1) peut servir à prouver l'exiſtence des émanations métalliques. « Je parlerai, dit-il, d'une expérience dont j'ai été témoin, & que j'ai examinée avec la plus grande attention, étant à Bourges dans le courant de l'année 1779. Je ne fus pas le ſeul qui en fut témoin ; & parmi le nombre des ſpectateurs, il y avoit deux Médecins qui l'examinèrent avec la même attention que moi.

« Une dame qui ne fait point ſa réſidence à Bourges, mais qui y étoit venue chez un frère qui y demeure, poſſédoit la vertu de faire mouvoir la baguette divinatoire, & ſe ſervoit d'un bâton de coudrier, à qui elle avoit laiſſé la naiſſance d'une petite branche, qui rendoit le mouvement de cette baguette beaucoup plus ſenſible. Or, la tenant fortement ſerrée entre ſes deux mains, je la vis tourner manifeſtement ſur de l'argent renfermé dans un buffet & dans d'autres meubles. Elle tournoit avec d'autant plus de rapidité, que la maſſe d'argent ou d'or étoit plus conſidérable, & qu'elle en étoit plus proche. Détournée à droite ou

____

(1) Cet Ouvrage ſe vend à Paris chez CUCHET, Libraire, rue & hôtel Serpente.

à gauche de la direction qui conduifoit au métal , le mouvement de la baguette devenoit moins prompt , & ceffoit tout-à-fait lorfqu'elle s'éloignoit ou fe détournoit de cette direction.

« J'ai vu plus. Ayant pris entre fes mains une baguette beaucoup plus longue , pour que deux perfonnes placées à côté d'elle puffent faifir de droite & de gauche la baguette au delà de deux endroits par lefquels elle la tenoit , j'ai vu ces deux perfonnes faire inutilement effort pour arrêter le mouvement de cette baguette. Elle tournoit , à la vérité , alors un peu plus doucement à la préfence de l'argent , & on entendoit un bruit de froiffement affez confidérable qui fe faifoit dans les mains de la dame.

« J'ai vu encore cette baguette tourner au deffus d'une piéce d'or & d'argent recouverte de toute forte de corps , à l'exception de l'étain. Enfin , ayant prié cette dame d'aller devant elle à un bureau dans lequel il y avoit de l'argenterie , & la baguette tournant de haut en bas , tandis qu'affemblés derrière elle , nous la fuivions pas à pas , nous avons tous vu la baguette revenir fur elle-même, remonter avec une certaine activité en fens contraire , pour achever la totalité d'une révolution.

« Dans tous les cas , le mouvement de la baguette étoit d'autant plus prompt , que la perfonne qui la tenoit la ferroit plus fortement dans fes mains : elle ne tournoit que très-lentement lorfqu'on la pofoit fimplement fur fes doigts , entre le pouce & l'index.

« Pour m'affurer plus particulièrement du phénomène, je cachai une pièce d'argent dans le jardin , & je vis , lorfque j'y eus conduit la dame , la baguette tourner lorfqu'elle fut à quelque diftance de cet argent....... Voilà , en peu de mots , le précis des expériences dont j'ai été témoin, & que j'ai vu faire à une dame qui n'avoit & qui n'a aucun intérêt à en impofer ; qui ne fait ufage de cette vertu que dans les cas où elle veut fatisfaire la curiofité de ceux qui l'en prient , & qui n'y attache aucune prétention ».

Jacques Aymar , de Saint - Véran , en Dauphiné , le plus célèbre hydrofcope du fiècle paffé , prétendit avoir au plus haut dégré la même faculté. Le 3 Septembre 1692 , on voulut l'éprouver chez le Lieu-

tenant général de la Sénéchauſſe de Lyon;
& tels furent les réſultats d'une expérience
peu connue.

« Jacques Aymar , dit le Médecin Garnier, prit une baguette fourchue qui tourna
ſitôt qu'on eut mis trois écus ſous ſon pied
droit : ſon mouvement fut plus rapide lorſqu'on en mit davantage. On diſpoſa ſur les
tablettes de la bibliothèque pluſieurs chapeaux : on cacha de l'argent ſous quelques-
uns ; on n'en cacha point ſous d'autres.
La baguette tourna ſur l'argent ; elle reſta
immobile ailleurs. Ces chapeaux étoient
ſur des tables ; auſſi Aymar étoit obligé de
mettre ſur ces tables l'une de ſes jambes ,
ſans quoi la baguette n'auroit pas tourné.
Cette circonſtance peut ſans doute ſervir
de beaucoup pour favoriſer l'opinion des
corpuſcules.

« Pluſieurs fois chacun de nous mit ſous
le pied de Jacques Aymar la main tantôt
pleine , tantôt vuide d'argent ; la baguette
ne nous trompa jamais.

« Nous n'oubliâmes rien pour découvrir
s'il y avoit quelque artifice du côté de cet
homme pour la faire tourner ainſi ; nous
lui fîmes étendre les mains autant qu'il ſe

Traité de la
Bag. divin.

E 4

pouvoit , fans que la baguette tombât ;
mais , malgré toutes nos précautions , la
baguette tourna toujours.

« On enveloppa bien enfuite de l'argent
dans un linge , pour voir fi la baguette
tourneroit fur l'argent ainfi fermé : elle
tourna également fur celui-ci , & fur celui
qui étoit à découvert.

« M. le Lieutenant général avoit été volé
par un de fes laquais , qui lui avoit pris
environ vingt-cinq écus dans des cabinets
qui étoient derrière fa bibliothèque. Il
demanda à Aymar s'il pourroit connoître
l'endroit où il avoit été volé. Aymar fit
quelques tours avec fa baguette , mettant le
pied fur les chaifes , fur les meubles & fur
deux bureaux qui avoient chacun plufieurs
tiroirs : il ne fe trompa point ; il connut
précifément le lieu , le bureau & le tiroir
dans lequel le vol avoit été fait. M. le
Lieutenant général lui dit enfuite d'effayer
de fuivre à la pifte ce voleur. La baguette
d'Aymar le conduifoit d'abord fur une ter-
raffe , enfuite dans le cabinet , près du feu ,
puis à la montée qui menoit à la chambre
des domeftiques ; enfin , elle tourna rapidement fur la moitié d'un lit , ne tournant

point fur l'autre moitié. Tous les laquais dirent que c'étoit l'endroit précis où couchoit le domeftique renvoyé de la maifon pour ce vol, un autre ayant toujours couché de l'autre côté du lit.

«Lorfque la baguette tournoit fur la pifte du domeftique voleur & abfent, Aymar mit fon pied fur celui de chaque laquais de la maifon, & leur préfenta la baguette : elle ceffa de tourner, parce qu'il n'y en avoit aucun de coupable. Aymar affura que fi on faifoit venir le voleur, la baguette tourneroit fur lui, & qu'il le connoîtroit.

« Je lui fis enfuite, ajoute le Médecin Garnier, plufieurs queftions. Je lui demandai s'il connoiffoit quelqu'autre perfonne qui eût la même faculté. Aymar répondit que M. l'Evêque de Morienne jouiffoit du même avantage. S'il étoit vrai qu'il reffentît des fyncopes, des treffaillemens & de fortes émotions en fuivant les meurtriers ; il répondit qu'il fentoit de violentes agitations en fuivant les affaffins, fur-tout dans les lieux où ils s'étoient arrêtés, & dans ceux où ils avoient commis le crime, &c. &c. »

Cette dernière queftion étoit relative à un évènement très-célèbre alors, regardé

comme un effet du charlatanifme ; évènement qui , comme les anciennes épreuves
par le cercueil, feroit fondé fur les émiffions
corporelles, lancées avec abondance par les
meurtriers , fruits de leur égarement , de
leur trouble intérieur & de leurs remords ,
& qui bien conftaté dans le temps , peut
paroître au moins étonnant , & très-extra-
ordinaire.

Relat. de
LA GARDE.
BROSSET,
Hiftoire de
Lyon, &c.

Le 5 Juillet 1692 , à dix heures du foir ,
un vendeur de vin & fa femme furent
égorgés à Lyon , dans une cave. On ne put
découvrir ni foupçonner les auteurs du
crime.

Un voifin touché de cette mort , curieux
d'éprouver le talent de Jacques Aymar , le
conduifit au Procureur du Roi. Le villageois annonça qu'il pourroit trouver les
coupables , pourvu qu'il commençât à
prendre fon impreffion dans l'endroit où le
meurtre avoit été commis. A peine fut-il
entré , que fon pouls s'émut comme dans
une fièvre aiguë , & qu'il tomba en défaillance fur le lieu où l'on avoit trouvé les
cadavres de la femme & du mari. Sa baguette y tournoit avec rapidité. Guidé par
une fenfation intérieure, difent les relations

du temps , Aymar fuivit les rues où les
affaffins avoient paffé , entra dans la cour
de l'Archevêché , & fortit de la ville par le
pont du Rhône. Arrivé à la maifon d'un
jardinier , il foutint que les meurtriers
étoient au nombre de trois ; qu'ils avoient
entouré une table , & touché à une bouteille vuide que la baguette défigna. Deux
enfans avouèrent en effet que pendant une
abfence de leur père , trois hommes étoient
venus dans la maifon , & avoient bu le
vin de cette bouteille. Aymar & trois perfonnes qui l'accompagnoient fuivirent leurs
traces. Ils s'arrêtèrent dans tous les lieux où
les affaffins s'étoient arrêtés. Le villageois
reconnoiffoit leurs gîtes , les lits où ils
avoient couché , les verres dont ils avoient
fait ufage. Après être allé au camp des
fablons , Aymar arriva à Beaucaire. Il s'ar-
rêta devant la porte d'une prifon , & il affura
que l'un des coupables devoit y être renfermé. On ouvrit , & plufieurs prifonniers
lui furent préfentés : mais à l'afpect d'un
boffu, il éprouva une fueur abondante, &
la baguette défigna cet homme pour l'un
des complices. Aymar voulut chercher les
autres : il découvrit qu'ils avoient pris le

chemin de Nîmes ; mais il ne les suivit pas plus loin.

Le boſſu, transféré à Lyon, nia d'abord d'avoir connoiſſance du meurtre, & même d'avoir été à Lyon ; mais confondu ſur la route par les hôtes qui lui ſoutenoient qu'il avoit logé chez eux en deſcendant par le Rhône, il avoua, lorſqu'il fut à Bagnols, qu'il étoit coupable. Deux jours après, Aymar fut renvoyé avec des archers à la pourſuite des autres meurtriers. Sa baguette les amena, par d'autres chemins, à Beaucaire, à la porte de la même priſon où le boſſu avoit été trouvé. Le géolier déclara en effet qu'un homme y étoit venu depuis peu demander des nouvelles du boſſu. Aymar ſe remit ſur ſes traces. Il alla juſqu'à Toulon, dans une hôtellerie où les deux ſcélérats avoient dîné le jour précédent ; mais comme ils s'étoient embarqués, on ceſſa de les pourſuivre.

Le procès du boſſu s'inſtruiſit pendant ce temps. D'après les informations & les aveux du coupable, qui juſtifièrent les démarches indiquées par la baguette, il fut exécuté le 30 Août 1692.

Jacques Aymar, après pluſieurs autres expériences faites dans les Provinces, fut mandé à Paris. On fait que fes effais n'y furent pas auffi heureux, & ne répondirent pas à la réputation qu'il s'étoit acquife.

Bléton vient de renouveller publiquement le crédit de la baguette. Il reffent des friffons, des mouvemens fébriles, des fpafmes, des étourdiffemens, lorfqu'il fe trouve fur des mines ou fur des fources fouterraines. M. de Montjoye veut que les émanations métalliques & les courans aqueux interrompent en lui le cours du fluide magnétique, ce qui lui donne des défaillances & un état de langueur & de maladie avec plus d'apparence. M. Thouvenel, qui s'eft occupé particulièrement de cet objet, prétend que les impreffions éprouvées par Bléton, font produites par les courans de matière magnétique, dont les métaux & les eaux font les conducteurs les plus puiffans. Leurs émiffions pénétrant abondamment en lui, y opèrent les effets que reffentent les perfonnes magnétifées, dans lefquelles le genre nerveux eft irritable & très-fenfible.

CHAPITRE XV.

Effets de l'attraction & de la répulsion dans les végétaux.

La plante qui, comme l'homme, a sa transpiration & ses émanations causées par la pression du fluide magnétique qui la pénètre, & porte dans tous ses fibres l'esprit de vie, a aussi sa sphère particulière d'attraction & de répulsion. De-là, cet attrait que certains végétaux paroissent avoir pour s'approcher, croître, & périr ensemble. De-là, cette haine qu'on a cru appercevoir entre eux, & ces efforts pour se repousser, & s'éloigner mutuellement. Ainsi la vigne paroît se plaire avec l'ormeau, l'olivier avec l'aloës, le platane avec le figuier, l'agaric avec le cèdre, & l'asperge avec le pouliot & les roseaux. Ainsi le cacao croit avec vigueur sous l'ombrage de l'ébénier ; celui des arbres résineux est favorable à la férule & au *cotylædon* ; & celui des ifs aux diverses espèces d'aconit & de *solanum*.

Par une sympathie semblable, le pavot colore les moissons ; le nénuphar aime la renoncule, & la ruë aime le nénuphar. Le lys s'élève orgueilleufement près de la rofe ; & celle-ci à côté de l'ail, dont l'odeur eft fi forte, femble plus brillante & plus parfumée.

Cette fléur, par un effet contraire, mais qui provient de la même caufe, ne fe plaît pas près de l'oignon ; le bafilic féche près de la ruë ; & le chou fe flétrit près du *cyclamen* & de l'origan. Le chêne n'aime pas l'olivier ; la vigne fuit le laurier ; & la ciguë périt près de la vigne. Cette plante me rappelle que le Rabbin Ben-Hannas attribuoit, déjà dans le quatorzième fiècle, la couleur du vin à la fermentation des particules ferrugineufes du raifin, & à leur union par le magnétifme.

Ce font les effluences de la main de l'homme & de tous les corps qui font fermer les feuilles des fenfitives ; & M. Duhamel a obfervé que tous les irritans qui excitent des mouvemens de contraction dans les animaux, font contracter de même, avec plus de force, les feuilles de ces plantes vivaces & fenfibles. La *dionæa mufcipula*, ou attrape-mouche, les plantes du genre des *mimofæ*, l'*oxalis*, la fleur de la

martinia annua, celles de la dent de lion &
de la pimprenelle, les étamines des fleurs
du *ciſtus helianthemum*, de l'épine-vinette,
du *caᵭus opuntia*, acquièrent des mouvemens d'irritabilité très-marqués. On en
pourroit obſerver de ſemblables dans une
foule d'autres plantes. Il n'en eſt point d'inſenſibles aux émanations des corps environnans : toutes ſont mues dans des ſphères
d'attraction & de répulſion réciproques.

Le ſoleil, dont la chaleur élabore, &
rend plus ſubtil le fluide magnétique, di-
late ou contracte à ſon gré les plantes. Le
tragopogon, ou barbe de bouc, l'héliotrope,
le *chamæleon*, le *chryſanthemum*, ou marguerite des prés, la grenadille qui déſigne
l'heure dans les jours ſereins, les tulipes, le
lys de Perſe, l'anemone, le ſouci, indiquent
par leurs mouvemens le cours de l'aſtre
brûlant, dont l'influence attire dans leurs
ramifications diverſes le principe qui les vivifie. Le ſoleil colore-t-il de ſes rayons la
plaine émaillée de fleurs ? la régliſſe, l'*aca-
cia*, offrent leurs feuilles étendues, & leurs
calices entr'ouverts. Abandonne-t-il l'hori-
ſon ? les fleurs ſe ferment, & les feuilles re-
tombent languiſſantes & flétries. Ainſi, une
espèce

espèce de trèfle, suivant les divers degrés du fluide moteur, mis en action par la chaleur solaire, paroît blanchâtre le matin, se revêt à midi de pourpre, & redevient le soir jaune & pâle.

C'est l'abondance de ce fluide dans certaines plantes qui les rend propres à émouvoir l'homme, à faire naître en lui les désirs de l'amour. C'est son absence dans d'autres qui appaise l'ardeur des sens, & arrête les projets de la licence & des passions. Chez les Grecs, on formoit des couronnes d'*agnus castus*, pour ceux qui vouloient conserver leur chasteté : tandis que ceux qui vouloient multiplier leurs jouissances portoient sur eux du satyrion, nommé aussi *orchis*, parce qu'il étoit consacré à *Orcus* ou Pluton, époux ardent de Proserpine, maître du feu, & des régions souterraines (1). L'orchis a deux bulbes, dont l'une, très-attractive suivant les Anciens, faisoit naître des désirs, tandis que l'autre, répulsive, avoit la propriété de les éteindre. Les Thessaliennes, au rapport de Dioscoride, ne négli-

____

(1) Voyez l'Enfer des Peuples anciens, par M. Delandine, 2 vol. *in-*12. Paris, CUCHET. 1785.

F

geoient pas de donner à boire à leurs maris des infusions de la première ; mais elles avoient une horreur extrême & très - jufte pour la feconde.

Les expériences de MM. Jallabert, Nollet, Menon, Mainbray , avoient annoncé déjà que les plantes électrifées pouffoient avec plus de vigueur , lorfque l'Académie de Lyon, pour confirmer cette théorie, propofa pour le fujet d'un prix cette queftion : L'électricité de l'atmofphère a-t-elle quelque influence fur les végétaux? & quels font les effets de cette influence ? M. Gardini, Médecin à Saint - Damiens près d'Afti en Piémont, a remporté ce prix en 1782 ; il a favamment établi la puiffance du fluide électrique pour accélérer la végétation. Dèslors, il n'eft pas douteux que le magnétifme, dont l'identité paroît conftante avec le principe de l'électricité, ne doive hâter la réproduction & la germination des plantes. Ce dernier agent même peut ne porter en elles que les particules magnétiques qu'il renferme , & qui leur procurent une extenfion plus prompte , un développement plus facile, & une fécondité conftante.

C'eft parce que ce fluide abonde dans les

eaux, que les arbres plantés fur les bords des ruiſſeaux, penchent leurs branches le long de leur cours. C'eſt encore par un procédé magnétique, que dans la tranſplantation d'un arbre déjà fort, il faut lui donner la direction qu'il a eue, le placer dans la même ſituation, expoſer au midi & au nord les mêmes branches. Sans ces précautions, le cours de la ſéve eſt changé; l'arbre ne reçoit plus ces émanations ordinaires, ſource de ſa vigueur; ſes fibres s'endurciſſent; ſon feuillage tombe pour ne plus renaître; il périt. Le fluide bienfaiſant qui l'avoit juſqu'alors ſoutenu & embelli, qui l'avoit chaque printemps revêtu de verdure, qui en avoit fait l'honneur des vergers ou des forêts, n'a plus trouvé la même iſſue, les mêmes pôles d'attraction & de répulſion; il s'eſt détourné; il va porter à des plantes plus heureuſes, & les germes de la vie, & ceux de la fécondité.

CHAPITRE XVI.

Effets de la sympathie & de l'antipathie dans les animaux.

LES animaux qui, comme nous, s'émeuvent à l'aspect du plaisir, fuient à celui de la douleur; êtres sensibles qui paroissent jouir d'une volonté propre à déterminer leurs mouvemens divers, & avoir même quelquefois les sentimens, les vices & les passions de l'homme, éprouvent aussi des penchans & des haines qui varient rarement dans leurs objets. D'où vient cet amour constant que les animaux ont pour certaines espèces, tandis que la plus violente antipathie les éloigne des autres? N'est-ce pas des émissions corpusculaires qui les affectent diversement suivant les genres, mais qui sont à peu-près les mêmes, lorsqu'elles effluent des mêmes espèces? Dès-lors, l'une devient continuellement l'objet de l'aversion de l'autre. Alors, l'animal ne vit que pour détruire & dévorer; & lui-même sert bientôt, par sa perte, à la conservation d'un animal plus fort. Ainsi, la nature s'entretient

par ſes deſtruĉtions ſucceſſives; les décom-
poſitions opérées dans ſon ſein, forment
des combinaiſons nouvelles. Elle eſt le phé-
nyx qui ne meurt que pour renaître, &
ſortir brillant de ſes cendres (1).

Sans croire avec les Anciens que la corde
faite de boyau de loup, & celle de boyau
de brebis, ne peuvent jamais s'accorder;
que ſi l'on fait deux tambours de leurs
peaux, & ſi l'on frappe celui de peau de
loup, il ôtera tout ſon à celui fait de peau
de brebis; on ne peut nier les effets de l'antipathie entre certaines eſpèces. C'eſt un
moyen même qui leur a été accordé pour
connoître leur proie, ou pour fuir des
ennemis féroces. Ainſi, le loup pourſuit
l'agneau; ainſi, la tourterelle craint le fau-
con; le roitelet, l'aigle; le chardonneret, le
crapaud; la poule, le renard; le plongeon,
la cicogne; la cigale, l'hirondelle; le merle,
l'épervier; le roſſignol, la pic-grièche; la
grenouille, l'anguille; le limaçon, la per-

---

(1) Kircher, dans ſon Monde ſouterrein, a rapporté une foule
d'exemples de la ſympathie & de l'antipathie qui paroît régner
entre les minéraux mêmes & les corps les plus inſenſibles. Voyez
Tom. 1, Lib. 4, Seĉt. 2, Cap. 5, Prop. 7. -- Tom. 2, Lib. 9,
Seĉt. 1, Cap. 5 & 6. -- Lib. 10, Seĉt. 4, Cap. 6 & 10. -- Lib. 12,
Seĉt. 2, Cap. 6 & 20.

drix; l'huître, le cancre; la tanche, le brochet; la mouche, l'araignée; & l'araignée, le scorpion. Le lion fuit le coq; le singe, la tortue; le cheval, le chameau; le lézard, le serpent; l'ours, le veau marin; l'émérillon, le vautour; le chat-huant, la corneille; le thon, le dauphin; & le congre, la murène.

L'odeur des écrevisses a semblé chasser les abeilles. Le hibou détruit les œufs de la corneille; la cicogne, ceux de la chauve-souris; & la belette, ceux de la poule. Le héron & l'allouette se font une guerre réciproque en détruisant leurs petits. Si l'aigle dévore le serpent, celui-ci gravit sur les rochers, & se venge en suçant les œufs de son ennemi.

L'affreux crapaud tapi sous le gazon, dardant par ses pores des jets de fluide magnétique, attire sa proie. C'est en vain que la belette veut lui échapper; elle saute d'un endroit à l'autre; & ses forces se consument en de vains efforts. Forcée de s'approcher de son ennemi, elle jette un cri plaintif; & violemment attirée dans la gueule du reptile, elle s'y précipite & y va trouver son tombeau.

Pour venger cette victime, l'araignée des champs s'élance au bout de son fil. Suspendue au-dessus du crapaud, son effluence l'étourdit, le trouble & l'endort. Ainsi, l'haleine du cerf semble attirer le serpent, & lui causer des étourdissemens & des vertiges. Ainsi, la vipère, l'œil en feu, les muscles en contraction, lance des corpuscules vénéneux sur les branches de l'arbre où le foible rossignol cherche un asyle. Bientôt, le chantre des forêts perd la voix; il entre en convulsion; il tombe, & la vipère le dévore. De même encore, le grand serpent Américain, nommé *le stupide*, celui nommé *serpent à sonnettes*, semblent charmer par leur approche les animaux qu'ils apperçoivent. Leur souffle suspend leur course, & les assoupit jusqu'au moment où ils en font leur proie.

C'est par l'effet des émissions que le levrier retrouve les traces du gibier, & le suit jusques dans les antres secrets, où il va chercher son refuge. C'est par le même moyen qu'il arrête au milieu des guérets la perdrix agile, & lui fait oublier qu'elle a des aîles.

Les animaux ne sont pas moins suscepti

bles d'attachemens sympathiques, que d'en-
tipathie. Suivant quelques Naturalistes, le
renard cherche la compagnie du serpent;
& le canard celle du crapaud. L'ours craint
d'écraser les fourmis; le rossignol aime le
paon; le milan protège le coucou; les perdrix, les faisans se plaisent avec les cerfs, &
les colombes, avec les cercelles.

A Bagouère, dans le haut Poitou, une
sympathie étroite unissoit un dindon & un
canard. Ces deux animaux ne se quittoient
jamais; & lorsque le dindon eut été saigné,
le canard furieux se jeta sur le Cuisinier,
& chercha par ses coups de bec à lui faire
éprouver sa vengeance. Le chagrin d'avoir
perdu son camarade, lui fit pendant trois
jours refuser toute nourriture; & on fut
obligé d'abréger sa peine en lui donnant la
mort.

Par un effet sympathique, Rattray dit que
le lait de femme adoucit les bêtes féroces,
& les rend plus amies de l'homme. On prétend que le lézard, l'éléphant, le dauphin
aiment ce dernier; & rien n'égale l'atta-
chement du chien pour son maître : il le
suit dans tous les lieux où il a passé, conduit
par les émanations qu'il a laissées sur sa

route. S'il le trouve, il le fête, & fa joie éclate par mille tranfports.

L'Hiftoire nous a confervé une foule de traits qui prouvent combien ces animaux fidèles font guidés fûrement par les corpufcules qui frappent leur odorat ou leurs autres fens, à découvrir ceux qu'ils aiment, & même les ennemis de ces derniers.

Ulloa raconte un fait confirmé par plufieurs autres Voyageurs. Dans le Pérou, fuivant lui, les chiens du pays connoiffent facilement les Efpagnols; ils fe jettent fur eux, & cherchent à les dévorer. De leur côté, les chiens de race efpagnole fe jettent avec fureur fur les habitans originaires, & confervent encore contr'eux l'animofité qui naquit au temps de la conquête.

Un Officier françois, tué en duel, avoit été enterré fecrettement au milieu d'un champ. Son chien le chercha bientôt. Arrivé au-deffus de la foffe, il s'y coucha, & ne ceffa de faire entendre des heurlemens plaintifs, que lorfqu'on eut découvert & exhumé le corps de celui que l'on avoit privé de la vie.

Pyrrhus, fuivant Plutarque, ayant rencontré un chien que gardoit depuis trois

PLUT. de Solert. anim.

jours un homme aſſaſſiné, ordonna d'amener cet animal au camp. Le lendemain, comme le Roi paſſoit la revue générale de l'armée, le chien reconnut les meurtriers de ſon maître; il ſe précipita ſur eux avec fureur: cette haine extraordinaire parut un indice du crime; les ſoldats furent arrêtés, convaincus du meurtre & punis.

Sous le règne de Charles V, un trait ſemblable devint célèbre, & mérita d'être conſacré, ſuivant M. de Saint-Foy, par un monument qui ſubſiſte encore ſur la cheminée de la grande ſalle du château de Montargis. « Aubri de Montdidier, dit cet Auteur, paſſant ſeul dans la forêt de Bondi, eſt aſſaſſiné & enterré au pied d'un arbre. Son chien reſte pluſieurs jours ſur ſa foſſe, & ne la quitte que preſſé par la faim. Il vient à Paris chez un intime ami du malheureux Aubri; & par ſes triſtes heurlemens, ſemble vouloir lui annoncer la perte qu'ils ont faite. Après avoir mangé, il recommence ſes cris, va à la porte, tourne la tête pour voir ſi on le ſuit, revient à cet ami de ſon maître, & le tire par ſon habit, comme pour lui marquer de venir avec lui. La ſingularité de tous les mouvemens de ce chien,

Tome 1. Voyez Morale en act. par M. Béreng**.

ſa venue ſans ſon maître qu'il ne quittoit jamais ; ce maître, qui, tout d'un coup, a diſparu ; & peut-être cette diſtribution de juſtice & d'évènemens qui ne permet guères que les crimes reſtent long-temps cachés ; tout cela fit que l'on ſuivit ce chien. Dès qu'il fut au pied de l'arbre, il redoubla ſes cris, en grattant la terre, comme pour faire ſigne de chercher en cet endroit : on y fouilla, & on y trouva le corps du malheureux Aubri ».

Quelque temps après, il apperçoit par haſard l'aſſaſſin que tous les Hiſtoriens nomment le Chevalier Macaire : il lui ſaute à la gorge, & l'on a bien de la peine à lui faire lâcher priſe. Chaque fois qu'il le rencontre, il l'attaque, & le pourſuit avec la même fureur. L'acharnement de ce chien, qui n'en veut qu'à cet homme, commence à paroître extraordinaire : on ſe rappele l'affection qu'il avoit marquée pour ſon maître, & en même temps pluſieurs occaſions où ce Chevalier Macaire avoit donné des preuves de ſa haine & de ſon envie contre Aubri de Montdidier. Quelques autres circonſtances augmentent les ſoupçons. Le Roi, inſtruit de tous les diſcours que l'on tenoit, fait venir ce chien qui paroît tran-quille jufqu'au moment qu'appercevant Macaire au milieu d'une vingtaine d'autres courtifans, il tourne, abboie, & cherche à fe jeter fur lui. Dans ces temps là, on or-donnoit le combat entre l'accufateur & l'accufé, lorfque les preuves du crime n'é-toient pas convaincantes : on nommoit ces fortes de combats *jugemens de Dieu*, parce qu'on étoit perfuadé que le Ciel auroit plutôt fait un miracle, que de laiffer fuc-comber l'innocence. Le Roi, frappé de tous les indices qui fe réuniffoient contre Macaire, jugea *qu'il échéoit gage de bataille*, c'eft-à-dire, qu'il ordonna le duel entre ce Chevalier & le chien. Le champ-clos fut marqué dans l'ifle Notre-Dame à Paris, qui n'étoit alors qu'un terrein vague & inhabité. Macaire étoit armé d'un gros bâton ; le chien avoit un tonneau percé pour fa retraite & fes relancemens. On le lâche ; auffi-tôt il court, tourne autour de fon adverfaire, évite fes coups, le menace tantôt d'un côté, tantôt d'un autre, le fatigue, & enfin s'élance, le faifit à la gorge, le renverfe & l'oblige de faire l'aveu de fon crime, en préfence du Roi & de toute la Cour ».

Un autre exemple, enfin, qui prouve, dans le même animal, la force des émanations, a été consigné dans plusieurs Journaux. Un étranger entra au Waux-Hall de la foire Saint-Germain, en 1777, mais la Garde qui se trouvoit à la porte, retint son chien. A peine l'étranger avoit fait quelques tours, que sa montre lui fut volée. Il descendit aussi-tôt au Corps-de-Garde pour demander son chien, assurant que si on le laissoit rentrer avec lui, il découvriroit le voleur. On y consentit. Le chien, en suivant son maître, se mit bientôt à la poursuite d'un homme inconnu, qui fut arrêté, fouillé, & qui avoit six montres dans ses poches. Elles furent étalées ; le chien distingua à l'instant celle de son maître, & la lui rapporta.

CHAPITRE XVII.

La torpille.

C'est la doctrine des émissions & du magnétisme qui peut répandre quelque clarté sur l'étonnante propriété qu'a la torpille d'engourdir douloureusement la main & le bras qui la touchent. Ce phénomène semble produit par l'absence presque totale du fluide magnétique dans ce poisson, dont il n'est pas possible même de tirer la moindre étincelle d'électricité. Sitôt que la main de l'homme s'en approche, elle lui communique le fluide qui abonde en elle. Ce fluide tendant à se mettre en équilibre, se répand dans le corps de l'animal, & s'échappant avec abondance, laisse la partie dont il efflue, dans une stupeur & un engourdissement très-sensibles.

Godefroy Wilh. Schilling fit, en 1764, des expériences curieuses sur l'attraction de l'aimant & de la torpille; & en 1772, M. Walhs en fit d'autres à la Rochelle sur la communication de l'engourdissement qu'elle produit. Les unes & les autres prouvent trop bien le fyftême des émiffions, la puiffance attractive de l'aimant, le paffage rapide du fluide magnétique d'un corps dans un autre, pour les oublier ici. M. Sigaud de la Fond les a réunies ; & on ne peut mieux faire que de les rapporter d'après lui.

« Je plaçai, dit M. Wilh-Schilling, dans une Differtation qu'il publia fur une maladie particulière à quelques peuples d'Amérique ; je plaçai, dit-il, une torpille de fix pouces de longueur & d'un pouce d'épaiffeur , dans un baquet affez grand pour qu'elle pût nager commodément. Elle excitoit des commotions fi violentes, que tous ceux qui la touchèrent, perdirent pour quelques momens la faculté de mouvoir leurs bras & le fentiment dans cette partie ».

« J'approchai, continue-t-il, de ce poiffon un aimant, & je vis l'animal auffitôt fe mouvoir dans toutes fes parties, quoiqu'il ne fut touché par aucun corps. Ayant approché l'aimant de plus près , je vis avec étonnement le poiffon faire des efforts pour s'enfuir ; mais dès que j'eus approché mon aimant fur l'eau , la torpille s'agita pendant près d'une heure de différentes manières. Elle s'approcha enfin de plus en plus de l'aimant, & s'y attacha de la même manière que le fer s'y attache. Plusieurs personnes, parmi lesquelles étoit le Docteur Stok, furent témoins de ce phénomène ».

« Nous séparâmes le poisson d'avec l'aimant par le moyen d'un instrument de bois, & avec beaucoup de précautions, parce que personne n'osoit le toucher. Il paroissoit d'abord se séparer de lui - même, mais à contre-cœur. Il étoit languissant ; mais lorsqu'il fut à une certaine distance, il reprit sa première vigueur. Alors un des assistans le toucha, & il ne ressentit aucune commotion. Peu de jours après, il s'approcha de nouveau de l'aimant, comme s'il en étoit attiré : il y demeura attaché pendant près d'une demi-heure ; après quoi il quitta l'aimant de lui-même, & alors on pouvoit le toucher impunément. L'aimant n'empêcha pas le poisson de prendre sa nourriture, quoique suspendu dans l'eau ».

« Après avoir retiré cette pierre de l'eau, nous la trouvâmes couverte de petites particules ferrugineuses, comme lorsqu'on approche l'aimant de la limaille de fer. Je jettai la torpille dans un baquet, où j'avois fait mettre de petits poissons, des vers & des

morceaux

morceaux de pain. Elle devint plus vigou-
reuse, mais on pouvoit la toucher impunément. Je voulus recommencer mes expériences au bout de quelques jours, mais je
m'apperçus que la torpille n'avoit plus aucune vertu. Huit jours après ayant observé
la même chose, je m'avisai de jeter de la
limaille de fer dans l'eau, & elle ne tarda
pas à recouvrer sa vertu. Quelques jours
après, elle me donna une commotion affez
forte, mais qui ne parvint pas jufqu'au
coude ».

« L'aimant étant approché de nouveau,
elle s'attacha comme la première fois ; elle
n'y demeura pas cependant auffi long-temps,
& elle ne caufa plus par la fuite des commotions fenfibles aux bras de ceux qui la
touchèrent ».

« Depuis ce temps, continue M. Wilh, je
n'ai laiffé échapper aucune occafion d'é-
prouver ce magnétifme. J'ai obfervé que
la groffeur du poiffon contribuoit beaucoup
à l'augmentation de fa vertu, & que celle-ci
étoit proportionnée à l'autre : j'ai approché
l'aimant d'une torpille de fix pieds de longueur, mais fort mince : elle a demeuré
long-temps fans s'y attacher ; enfin, elle s'y

G

eſt unie au bout de vingt-quatre heures. Les plus petites m'ont toujours paru les moins rebelles contre l'aimant. A la première approche de cette pierre, elles éprouvent une plus forte attraction ».

« Suivant l'expérience de M. Walhs, une torpille fut poſée ſur une ſerviette mouillée & pliée en pluſieurs doubles ; cette ſerviette fut miſe ſur une planche qu'on plaça ſur une table : au milieu de la chambre étoit une autre table ſur laquelle il y avoit neuf ſaladiers pleins d'eau , rangés circulairement au tour de cette table ; au bas, & ſur le plancher , étoient trois plateaux iſolés ſur des gobelets de cryſtal ».

« Dans le premier ſaladier , plongeoit l'extrémité d'un fil de laiton d'environ vingt pieds de longueur, ſoutenu par des cordons de ſoie , & dont l'autre extrémité poſoit ſur la ſerviette , & ſous le poiſſon qu'elle touchoit ».

« Une perſonne, montée ſur le premier plateau , avoit un doigt dans le premier ſaladier, & un doigt de ſon autre main dans le ſecond ſaladier. Une ſeconde perſonne , iſolée ſur le ſecond plateau , plongeoit d'un côté un de ſes doigts dans le ſecond ſaladier, & un doigt de la main oppofée dans le troifième, & ainfi de fuite. La chaîne étoit compofée de huit perfonnes, toutes ifolées ; la dernière plongeant l'un de fes doigts dans le huitième, & un doigt de fon autre main dans le neuvième faladier. Dans ce dernier, étoit un fil de laiton de même longueur que le premier, foutenu pareillement par des cordons de foie, & dont l'autre extrémité étoit tenue par une perfonne non ifolée ; & de cette manière le circuit pouvoit avoir près de 90 à 100 pieds. Alors la perfonne qui tenoit l'extrémité du fil de laiton, faifant l'office d'excitateur, touchoit brufquement le dos du poiffon, & chaque perfonne reffentoit une commotion qui ne paffoit point au-delà du doigt ».

« Une obfervation qui me paroît importante pour bien faifir ce phénomène, c'eft qu'il eft indifpenfablement néceffaire de toucher en même-temps aux deux furfaces oppofées du corps de l'animal, autrement on ne reffent point de commotion ».

« Cette commotion fe fait également fentir, quoiqu'on ne foit pas ifolé, en plaçant la main fous le ventre du poiffon, & en le touchant de l'autre fur quelque partie de fon dos; mais il arrive fouvent qu'il faut toucher l'animal plufieurs fois avant d'éprouver ce fentiment; ce qui s'accorde très-bien avec des obfervations faites anciennement par M. de Réaumur fur ce même objet, & confignées dans les Mémoires de l'Académie pour l'année 1714. Tous métaux interpofés entre des perfonnes qui feroient une chaîne pour répéter cette expérience, ne nuifent point à fon fuccès : mais il n'en eft pas de même d'un bâton de foufre ».

« De ce qu'il arrive fouvent qu'on peut toucher impunément cet animal fans éprouver de commotion, & même de ce qu'il eft néceffaire de le toucher fur deux côtés oppofés en même-temps pour éprouver cette commotion, il n'eft pas furprenant que plufieurs Phyficiens & Naturaliftes n'ayant éprouvé aucun effet fenfible de cet attouchement, aient révoqué en doute les effets qu'on lui attribue ».

M. Gronovius & M. Bajon, guidés par cet efprit obfervateur qui éclaire les fciences, & qui a conduit M. Wilh. Schilling & M. Walhs, ont remarqué des phénomènes femblables à ceux de la torpille dans les anguilles tremblantes de Cayenne ; & les Anciens nommoient un poisson, *le fiévreux*, *piscis febricus*, parce qu'il procuroit un mouvement fébrile à la main qui osoit le saisir.

'Ces poissons sans doute privés du fluide magnétique, ne fournissent point d'étincelle électrique, par la même raison que les membres paralysés en donnent très-peu, & que les cadavres n'en donnent point. L'application du magnétisme & de l'aimant qui fait effet sur la torpille, peut donc en faire dans la paralysie, & obtenir entre les mains d'un Médecin habile les plus grands succès.

CHAPITRE XVIII.

Médecine transplantatoire.

LE jeu d'un fluide actif, nommé sympathique, lorsqu'il est considéré particulièrement comme la source des passions & de l'émotion des sens ; électrique, lorsque mis en mouvement par le frottement il acquiert une puissance d'attraction ; magnétique, lorsqu'analogue au fluide de l'aimant, formant l'aggrégation des métaux & l'union de tous les corps, il fixe la place des corps célestes dans l'espace, & produit le vaste équilibre de l'univers (1) ; le jeu de ce fluide universel presse l'homme en tout sens, fait jaillir des pores exhalans la transpiration insensible, & détermine sa santé. La certitude des émanations, leur abondance, cette attraction & cette répulsion attachées à tout corpuscule magnétique, & par conséquent à ceux effluans du corps humain ; les mouvemens rapides produits par ces

___

KIRCHER. (1) *Magnetica vis motiva, sive attractiva, est qualitas intrinseca à totâ magnetis formâ promanans totius globi situm biformi actione constituitur.*

émiffions ; leurs effets , c'eft-à-dire , les affections fympathiques ou antipathiques qu'elles font naître dans l'homme , les animaux & les végétaux mêmes ; enfin , cette chaîne infinie d'êtres qui font tous des aimans réciproques , chaîne immenfe qui lie la nature entière à chacune de fes parties , & chaque partie au grand tout , firent établir parmi les Médecins des derniers fiécles la médecine tranfplantatoire. On la nomma ainfi , parce que par la communication mutuelle , on chercha à tranfplanter la fanté & les maux d'un individu dans l'autre.

Bartholin , Wirdig , Maxvell , Digby accueillirent cette idée , & en firent ufage dans le traitement des maladies. Leurs difciples l'adoptèrent , & quelques - uns même , tels que Burggrave, Nicolas Selnecer , Daniel Bekker , le Médecin Taut, en l'exagérant , en attribuant aux effluences corporelles une force qu'elles ne pouvoient avoir , annoncèrent que fi l'on rempliffoit un bocal du fang diftillé d'une perfonne , on pouvoit pronoftiquer à l'infpection fon état interne. La liqueur étoit claire lorfqu'on jouiffoit d'une bonne fanté ; elle fe troubloit lorſqu'on étoit malade ; & ſa limpidité naturelle diſparoiſſoit entièrement lorſque la mort venoit nous frapper.

Cette expérience , ſuivant Burggrave , fut faite en 1676 , en préſence d'une foule de ſpectateurs & du Médecin Selneccer , à la mort de Jérome Rauſcher , Conſul de Leipſick (1). Malgré ces témoignages, qui ne pourroient de nos jours en impoſer à perſonne , l'extenſion donnée, par cette expérience , à la puiſſance des émiſſions, n'en paroît pas moins extravagante ; mais le principe ſur lequel elle étoit fondée ne ſemble pas auſſi chimérique.

En effet , l'inoculation de la petite vérole n'eſt qu'une tranſplantation. Si la peſte , la gale , le ſcorbut, la phthiſie , dont la communication eſt reconnue ; ſi une foule de maux phyſiques , affreux & redoutables paſſent rapidement d'un corps à l'autre , & étendent ainſi leur ravage & la deſtruction , pourquoi les biens phyſiques , la force , la ſanté ne ſe propagent-elles pas de même ?

 (1) *Obſervatum eſt circà repentè contingentem mortem Hyeronimi Rauſcher conſulis Lipſienſis , phialam vitream liquore purâ , pellucidâ ac limpidâ repletam , & in hunc finem paratam , eodem temporis momento, quo anima ejus à corpore fecit divortium, diſſiliere.*

Ce problême intéreſſant n'eſt pas encore parfaitement réſolu. Sept à huit Sociétés ſavantes ont donné des prix à ceux qui ont établi la filiation & la communication des maux, qui ont calculé leur progreſſion & leur marche ſucceſſive : pourquoi ne rechercheroient-elles pas ſi l'énergie des organes, la vigueur de la conſtitution ne peut avoir la même influence? Sans doute il ſeroit plus flatteur pour l'ame du Médecin ſenſible, & peut-être auſſi utile aux progrès de ſon art, de marquer aux animaux vivaces le tribut de force qu'ils peuvent apporter à leur maître, d'examiner le règne de la ſanté, & ſi elle peut faire des conquêtes.

Dès ſon origine, la pratique de la médecine tranſplantatoire produiſit à l'art de guérir un avantage conſidérable. Elle fit étudier avec plus de ſoin la nature de la peau, de ſon tiſſu, des maladies qui pouvoient en obſtruer les pores, & rendre la circulation des fluides intérieurs & extérieurs plus lente & moins facile. On remarqua que le ſang devenoit moins concreſcible dans ceux qui avoient la peau déliée, tandis qu'il ſe condenſoit très-aiſément, au contraire, & tomboit en grumeaux dans ceux

Voyez Expér. de Spigel.

dont le tiſſu de la peau étoit plus compacte & plus ſerré. C'eſt encore à la médecine tranſplantatoire qu'on dut les premières obſervations ſur la météorologie & ſur les variations de l'atmoſphère, qui paroiſſent avoir toujours eu tant d'influence ſur la conſtitution générale des peuples, ſur leur force, ſur leur caractère, & par conſéquent ſur leur bonheur.

CHAPITRE XIX.

Effets de la transplantation magnétique.

S I tout fluide s'écoule avec plus de rapidité quand on l'électrife, il en eft de même s'il eft magnétifé. La chaleur vivifiante d'un individu fain & vigoureux fe propageant dans l'homme malade, fes nerfs reprennent plus d'action, & fes mufcles acquièrent plus de jeu. Dès-lors les liquides fe débarraffent, par la tranfpiration infenfible & les fueurs, de tous les obftacles qui gênoient leur cours, & reprennent leur fluidité naturelle ; mais cet heureux effet ne peut s'opérer qu'au péril du bienfaicteur, de celui qui a communiqué fon énergie vitale à l'homme malade. L'échange des biens corporels ne peut fe faire que par celui des maux. Ainfi, la fanté & l'infirmité fe partagent.

« Simon Thomas, dit Montaigne, eftoit » un grand Médecin de fon temps. Il me » fouvient que me rencontrant un jour à » Touloufe, chez un riche vieillard pulmo- » nique, & traitant avec lui des moyens de » fa guérifon, il lui dift que c'en eftoit l'un

Eff. tom. 1, Ch. 20.

>> de me donner occafion de me plaire en
>> fa compagnie ; & que fichant fes yeux fur
>> la frefcheur de mon vifage , & fa penfée
>> fur cette allégreffe & vigueur qui regor-
>> geoit de mon adolefcence ; & rempliffant
>> tous fes fens de cet eftat floriffant en quoi
>> j'eftois lors , fon habitude s'en pourroit
>> amender : mais il oublioit à dire que la
>> mienne s'en pourroit empirer auffi >>.

Pour donner des forces aux vieillards ,
les Médecins anciens ordonnoient fouvent
de les coucher avec de jeunes filles dans la
fraîcheur de l'âge , ou avec des enfans dont
la multiplicité des mouvemens annonce l'a-
bondance du fluide magnétique qui abonde
en eux.

Par une application moins contraire à
l'humanité , on crut pouvoir rejeter fes infirmités fur les végétaux ou fur un animal ,
en communiquant avec eux. Les anciens
affuroient que les maux de tête, nés à l'ombre
du tilleul, fe diffipoient fous celui du noyer ;
& Konig, célèbre Phyficien, de l'Académie
des Curieux de la Nature , indique avec
confiance , dans fon règne végétal , les
moyens de rejeter les maux de l'homme fur
des plantes.

Bartholin dit qu'une personne attaquée d'une fièvre-quarte, ayant imbibé un pain de sa sueur, après l'avoir porté quelque temps sous les aisselles, & l'ayant donné à un chien avec lequel elle couchoit, l'animal prit la fièvre, & l'en délivra. Un autre, suivant lui, guérit de la jaunisse par la société d'un chat.

Rattray prétend que l'extrémité de la queue d'un cerf vivant, appliquée sur le creux de l'estomac, appaise la douleur qu'on y ressent.

Le Médecin anglois Flud, après avoir rapporté une foule d'exemples pour confirmer la théorie de la médecine transplantatoire, nous apprend qu'étant affligé d'une goutte tenace & cruelle, il ne trouva d'autre moyen de s'en délivrer qu'en couchant avec un chien. L'humeur goutteuse passa de ses pores dans ceux de l'animal. Le fluide vital chercha à se mettre en équilibre, & le chien demeura affecté des douleurs qu'il avoit jusqu'alors senties, & qui furent déterminées dans les mêmes périodes de temps qu'il avoit lui-même éprouvées.

Le savant Hoffman, Lozel & le Docteur Salmuth guérirent aussi par la transplanta-

Salm. Cent. 3, Observ. 34.

tion, les deux premiers, une goutte cruelle ; l'autre, une douleur aiguë au bras.

Plusieurs observations ont constaté que des chats couchant avec des épileptiques, avoient pris leurs maux, & les en avoient délivrés.

Bartholin rapporte que son oncle tourmenté d'une colique violente, en fut guéri par un chien qu'on lui mit sur le ventre, & dans lequel elle passa. Sa servante, ajoute-t-il, fut soulagée d'un mal de dents en plaçant le même chien sur sa joue ; & l'animal témoigna un instant après, par ses cris, qu'il souffroit la même douleur.

Le Médecin allemand Burggrave a décrit plusieurs cures de douleur de sciatique & de rhumatisme par le contact d'un cadavre embaumé avec des préparations magnétiques.

Tobie Taut, dans le dernier chapitre de son Ouvrage sur la Physique médicale, cite de même des guérisons de cachexie & de jaunisse qu'il avoit opérées par la transplantation.

On a quelquefois attribué de même la cessation de la goutte à la compagnie des tourterelles ; & quelques malades ont cru

s'appercevoir, au bout d'un certain temps,
que ces oiseaux avoient pris des nodosités.

Le Médecin Borel mettant trop de confiance dans le pouvoir de la transplantation,
enseigna un moyen pour connoître les maladies dans le corps humain, « en faisant
» coucher, dit-il, un chien avec un malade
» dont la cause de l'infirmité est inconnue ;
» en le nourrissant des restes que ce malade
» mange, il n'est pas douteux qu'il ne prenne
» sa maladie. Qu'on ouvre ensuite l'animal,
» & la partie affectée en lui sera celle qu'il
» faudra traiter dans la personne ».

CHAPITRE XX.

Écrouelles guéries par l'attouchement.

Voy. BOYLE, *de* Effluv. SUIVANT les procédés de la transplantation, plusieurs Médecins imaginèrent, pour guérir les tumeurs froides, les écrouelles, de frotter la partie malade avec la main d'un mort. Ils pensoient absorber, par ce moyen, le vice scrophuleux, diviser l'épaississement de l'humeur qui le produit, & l'anéantir. Ainsi, la faculté accordée par nos Historiens à plusieurs Rois de dissiper les écrouelles en les touchant avec l'*index*, ne paroît plus que celle du magnétisme, mais apperçue plus distinctement lorsque la main d'un Souverain servoit de conducteur au fluide, que lorsqu'un simple citoyen pouvoit opérer des effets semblables.

Vers l'an 1060, les Rois d'Europe s'attribuèrent ce pouvoir. Edouard le Confesseur, Roi d'Angleterre, obtint ce don curatif, suivant les Historiens, à cause de sa piété; & c'est depuis ce Prince qu'on a nommé en Angleterre le vice scrophuleux, le mal du Roi. Son contemporain, Philippe I, Roi

de

de France, ne resta pas long-temps sans annoncer qu'il avoit le même pouvoir ; mais Guibert , Abbé de Nogent , dit qu'un crime le lui fit perdre. Cet Auteur, qui n'explique point quel étoit ce crime, entend sans doute la répudiation que fit Philippe, de Berthe, fille de Florent , Comte de Hollande, son épouse, & l'enlèvement de Bertrande de Montfort, femme de Foulques le Rechin, Comte d'Anjou, que ce Roi épousa malgré toutes les censures ecclésiastiques.

Ce n'est que depuis Philippe Iᵉʳ qu'on a accordé aux Rois de France la faculté de guérir les écrouelles en les touchant ; ce qui indiqueroit que ce Prince fut plus magnétique que bien d'autres.

Raoul de Presle , Avocat , Confesseur , Historien & Poëte de Charles V , parle de son application à guérir les écrouelleux ; & Etienne de Conti, qui a fait une Histoire de France , rapporte les cérémonies observées par Charles VI avant de procéder à leur attouchement.

Louis XIII chercha à opérer de pareilles guérisons ; & on connoît le mot du Duc d'Epernon , qui apprenant le pouvoir exorbitant donné par ce Roi à Richelieu, lorſque ce dernier fut créé Généraliſſime contre les Eſpagnols, s'écria : « Quoi ! Louis » ne s'eſt donc réſervé que le pouvoir de » guérir les écrouelles » !

Ses ſucceſſeurs ont conſervé l'uſage de toucher les ſcrophuleux dans la cérémonie de leur ſacre ; & Louis XVI s'y eſt conformé. Après l'application de la main de ce Prince ſur chaque malade, on leur a dit encore, en 1775, la formule ancienne : *Le Roi te touche, Dieu te guériſſe.*

La même faculté fut accordée par les Allemands aux Comtes de Haſprug ; & Boyle aſſure qu'un Médecin célèbre de ſon temps lui avoit confié que pour guérir la même maladie, il avoit employé pluſieurs fois avec ſuccès le même moyen.

Au milieu du ſiècle dernier, un magnétiſeur ſe diſtingua en Angleterre par les cures ſurprenantes qu'il opéroit par le ſimple attouchement. Non - ſeulement il l'employoit pour diſſiper les écrouelles, mais pour guérir les maladies les plus graves. Le Duc de Buckingham, qui n'étoit pas crédule, avoua qu'il n'avoit plus reſſenti une douleur d'épaule qu'il avoit depuis long - temps, après que cet homme l'eut touché. Dès-lors ce dernier fut nommé *le toucheur*. Plusieurs Savans distingués attestent comme vrais les effets qu'il savoit produire. Né dans le Comté de Waterford, en Irlande, il se nommoit Valentin Géatrak. M. Desmaizeaux a donné sur cet homme extraordinaire quelques détails qu'il est intéressant de rapporter.

Vie de Saint-
Evrem. t. 1.

« Un Irlandois, dit-il, a fait à Londres des guérisons qui tenoient du miracle. Né en 1628, il paroissoit fort dévot. Sa contenance étoit grave, mais simple, & n'avoit rien de composé à l'imposture. Il nous a appris lui-même que, dès l'année 1662, il se sentit porté à croire qu'il avoit le don de guérir les écrouelles ; & cette suggestion devint si forte, qu'il toucha plusieurs personnes, & les guérit. Trois ans après, la fièvre étant devenue épidémique dans sa Province, il crut qu'il pourroit aussi la guérir. Il en fit l'essai, & il nous assure qu'il guérit tous ceux qui lui furent présentés. Enfin, au mois d'Avril 1665, un autre pressentiment lui fit appliquer son moyen à la cure des plaies & des ulcères ; & l'expérience, dit-il encore, fit voir qu'il ne

H 2

s'étoit pas trompé. Il trouva même qu'il guérissoit les convulsions, l'hydropisie, & plusieurs autres maladies. On venoit à lui en foule de toutes parts, & sa réputation s'accrut si fort, que le Clergé lui défendit de se mêler davantage de ces sortes de guérisons. Cependant une dame Angloise, qui étoit malade, l'engagea à passer en Angleterre. Il y aborda au commencement de 1666; & à mesure qu'il s'avançoit dans les Provinces, les Magistrats des villes & des bourgs où il passoit, le prioient de venir guérir leurs malades. Le Roi en ayant été informé, lui fit ordonner par le Comte d'Attington, Secrétaire d'Etat, de se rendre à Whitehall..... Il alloit tous les jours dans un certain quartier à Londres, où s'assembloit un nombre infini de malades de toute condition & de tout sexe. Il ne faisoit autre chose que de les toucher : les douleurs, la goutte, le rhumatisme, les convulsions étoient chassés, par cet attouchement, d'une partie à une autre., *jusqu'aux dernières extrémités du corps, après quoi ces maux disparoissent entièrement*........ On écrivit violemment contre lui ; mais il trouva des zélés défenseurs, même parmi les Médeclits. Il publia lui - même, en 1666, une lettre adreſſée au célèbre Boyle, où il donnoit une hiſtoire abrégée de ſa vie. Il accompagna cet écrit d'un grand nombre de certificats ſignés par des perſonnes d'une probité reconnue, & entr'autres par Boyle & par MM. Wilkins, Wichcot, Cudwort & Patrick ».

Le Docteur Gaſner, quelque temps avant M. Meſmer, opéroit à Ratisbonne les mêmes effets qu'autrefois Géatrak à Londres. On le vit, en 1774, ſortir de ſa paroiſſe, où il avoit fait pluſieurs cures par l'attouchement; & venir les multiplier dans cette ville. Il touchoit ordinairement la nuque aux malades; & lorſque le ſimple contact ne ſuffiſoit pas pour les guérir, il parut quelquefois employer un agent particulier qu'il communiquoit à ſes doigs en les frottant à ſon étole. Cet ornement, de couleur rouge, portoit une croix de métal ſuſpendue par une chaîne d'argent. Cette chaîne, cette croix pouvoient être aimantées, & aider ainſi, comme conducteurs, à concentrer, à accumuler & à diriger le magnétiſme.

CHAPITRE XXI.

Orteils de Pyrrhus & de l'Empereur Vespasien.

PYRRHUS, Roi de Macédoine & d'Epire, qui, après avoir soumis la Grèce avec la rapidité d'un aigle, dont on lui donna le surnom, vint porter l'effroi en Italie, & fit trembler Rome elle-même, avoit plusieurs singularités corporelles, dont les Historiens ont fait mention. Ses dents de la mâchoire supérieure n'étoient point distinctes & séparées ; elles ne formoient qu'un seul os continu, sur lequel des lignes légèrement empreintes, marquoient leur division naturelle. A cette conformation extraordinaire, Pyrrhus réunissoit la faculté d'appaiser les coliques, les douleurs, & de guérir les maux de rate, en faisant coucher les malades sur le dos, & en promenant pendant quelque temps l'orteil du pied droit sur les endroits douloureusement affectés. Plutarque nous apprend qu'il ne commençoit jamais de cures sans avoir sacrifié un coq blanc en l'honneur des Dieux. « Il n'y avoit pas, dit-
» il, d'homme si pauvre & si abject, qu'il

» foulageât, lorfqu'il en étoit prié ; &
» jamais il ne voulut recevoir, pour mar-
» que de reconnoiffance, que le coq même
» qu'il fe plaifoit à facrifier ». Après la
mort de ce Prince, fon corps fut réduit en
cendres fur le bûcher funéraire ; mais on
retrouva en entier, & fans qu'il eût été en-
dommagé par les flammes, cet orteil célèbre ; & Pline affure qu'on le dépofa à part
dans un temple, où il fut en vénération Lib. 7, Cap.
pendant long-temps, comme ayant poffédé 2.
une influence qu'on trouvoit divine.

Joachim Camerarius prétend avoir vu,
dans une verfion très-ancienne de l'Illiade,
un vers d'Homère qui attribuoit la même
propriété à l'orteil d'Achille. Ce vers inintel-
ligible à la plupart des Scholiaftes, fut enfuite fupprimé par eux.

L'un de ceux qui paroît avoir poffédé
le fluide magnétique au plus haut degré,
c'eft l'Empereur Vefpafien. Il étoit à Alexan-
drie occupé à recevoir les hommages des
Princes tributaires de l'Empire, & à accepter
les offres qu'ils lui faifoient de lever dans
leurs Etats des troupes pour foumettre les
Sarmates & la Judée, lorfque l'envie de fou-
lager un boîteux lui fit employer avec fuccès

H 4

la méthode de Pyrrhus. Ce boîteux s'étoit approché de son tribunal pour lui demander de daigner le toucher avec l'orteil, *restiturum crus, si dignaretur calce contingere.* Tous les Historiens ont rapporté ce fait ; & Vespasien reconnoissant en lui une vertu particulière, qu'il avoit ignorée jusqu'alors, guérissoit les maux de nerfs, en touchant les malades ; fortifioit les vues foibles, rendoit la vie aux jambes paralysées, & y suspendoit les douleurs.

Scévola Sarmathan dit que, de son temps, la famille de Bailleul à Paris jouissoit du même avantage (1).

On assure que dans les montagnes du Dauphiné, une famille de paysans magnétise de père en fils, depuis des siècles. Son traitement consiste à promener l'orteil fur fur les principales ramifications nerveuses. Si ce fait est réel, il concourroit à prouver que les procédés simples du magnétisme, conservés depuis par les Médecins magnétisans des derniers siècles, n'étoient point encore entièrement oubliés.

(1) Cette Maison, originaire de Normandie, & qui s'y distingua dans les voyages de la Terre Sainte & dans la conquête de l'Ang'eterre par Guillaume-le-Conquérant, a donné à la France un Surintendant des Finances, renommé par ses lumières & sa probité.

CHAPITRE XXII.

Remèdes magnétiques anciens.

LES anciens ont cru trop légèrement au pouvoir de plufieurs remèdes magnétiques, dont les fuccès font reftés fans être avérés. C'eft ainfi qu'ils ont confeillé, pour diffiper l'efquinancie, d'entourer le col du malade du lacet enfanglanté, avec lequel on venoit d'étrangler un ferpent; de porter fur foi des marrons d'inde pour garantir des hémorroïdes; & d'envelopper d'une peau d'hyène celui qui étoit livré aux funeftes accès de la rage.

Les pierres précieufes, que le fer colore, & qui, frottées dans l'obfcurité, produifent des jets électriques & lumineux, ont paru, par cette raifon, plus propres à garantir de certains maux. On a attribué au rubis le pouvoir de chaffer la mélancolie & de diffiper, devant celui qui le portoit, l'air méphitique & corrompu. Ariftote dit qu'une émeraude portée à la tête peut guérir de l'épilepfie; & la cornaline, des palpitations de cœur : de même, on a voulu que le saphir eût de grandes propriétés ; Galien & Dioscoride le faisoient appliquer sur les yeux pour dissiper l'inflammation ; il arrêtoit l'hémorragie, suivant Avicenne ; & l'Anglois Marbodeus dit que ses émanations sont assez salubres & assez puissantes pour mettre à l'abri des maladies contagieuses & de la peste. Marcellus conseilloit, pour fortifier l'estomac & en chasser les maux, d'y tenir appliqué du jaspe sanguin ; & Boyle assure que la vertu qu'on lui a attribuée d'arrêter le sang est très-véritable. Tous les peuples de l'Orient ont cru trouver dans le jaspe verd des propriétés merveilleuses ; & la pierre d'aigle a passé long-temps pour avoir la faculté d'empêcher les avortemens.

Milon de Crotone ne dut ses victoires, suivant Pline, qu'à l'influence des pierres magnétiques qu'il portoit toujours sur lui.

Les anciens rapportent que celle nommée *Nicolaïs* rendoit triste & pâle ; & ils ont célébré la bague d'Hermion, que personne ne pouvoit toucher sans tomber dans des convulsions violentes, qui, prolongées pendant quelque temps, ne se terminoient plus qu'à la mort.

Les peuples de la Nigritie, de la Guinée,

du Monomotapa ne fortent jamais fans porter au col un morceau de corail, à qui ils attribuent la confervation de la fanté. Nyendal raconte que la plus grande fête du Royaume de Benin, eft celle pendant laquelle on célèbre particulièrement l'influence de cette plante marine , & on l'adore.

On fait quel pouvoir les anciens accordèrent aux bætiles, aux amulettes ou phylactères. Les Egyptiens, les Hébreux, les Grecs, les Arabes , les nations fauvages mêmes ont eu l'idée de certaines plaques de métal, de certaines pierres qui, fufpendues au col, attiroient les émanations vicieufes qui pouvoient affoiblir ou déranger la fanté de l'homme. Périclès , fuivant Plutarque, portoit une amulette ; & Galien lui-même, le Prince de la Médecine, guérit, dit-on, des épileptiques, en leur attachant au col des racines de péone. Les cures qu'il opéra par des applications magnétiques , le firent paffer pour Magicien & le contraignirent à fortir de Rome.

Sous Vefpafien, un Juif nommé Eléazar, dont parle l'Hiftorien Jofeph , guérit en préfence de l'Empereur, de fes fils & des prin- ^{Ant. Jud. Lib. 8 , C. 2.}

cipaux Officiers de l'armée romaine, plusieurs épileptiques, des hommes tombés en
catalepsie, & d'autres qui, furieux & livrés
à des convulsions nerveuses, passoient pour
possédés, en leur appliquant sous le nez un
anneau dans lequel étoit rénfermé une composition secrète.

Boyle parle de quelques Médecins qui
purgeoient par émanation & par des topiques extérieurs. Un Chimiste, suivant lui,
s'étant apperçu qu'un de ses amis regardoit
comme le fruit de l'imagination cette nouvelle manière de purger, lui frotta la main
avec une composition qui lui fit à l'instant
l'effet d'une médecine. Maxwell a prétendu
avoir trouvé une recette semblable ; & l'on
sait, avec plus de fondement, que l'onguent
d'*Arthanita*, appliqué sur le ventre, purge
les enfans & tue leurs vers.

CHAPITRE XXIII.

Application du fer & de l'aimant.

Il seroit sans doute étonnant que le fluide magnétique, dont l'existence est reconnue, dont la direction du midi au nord est constante, qui entraîne la boussole, qui presse tous les corps, fût sans influence sur eux : cette nullité d'effets seroit d'autant plus surprenante en lui, que paroissant découler de l'aimant matériel, & en ayant les propriétés, ce dernier, ainsi que le fer qui n'est qu'un aimant commencé, agissent eux-mêmes très-puissamment sur l'économie animale.

Personne n'ignore avec quel succès la médecine emploie les eaux ferrugineuses, le saffran de Mars ou rouille de fer, & toutes les compositions où ce métal entre comme principe dans une foule de cas, & sur-tout dans ceux où des obstructions tenaces arrêtent le cours des liquides. Son application extérieure n'opèreroit peut-être pas des cures moins heureuses.

On sait, par le rapport de plusieurs Au- Journ. des Sav. Mars 1685.

teurs Hollandois, qu'une femme demeurant à Batavia, quoiqu'originaire du Japon, ne pouvoit tenir une aiguille, une épingle, un clou, un morceau de fer quelconque dans sa main, sans tomber aussitôt dans la transpiration la plus abondante. Cet effet étoit d'autant plus extraordinaire en elle, que quelque exercice qu'elle fît, elle ne pouvoit jamais parvenir à suer : le fer seul attiroit à lui les émanations & le fluide intérieur, qui désobstruant les pores, produisoit bientôt la transpiration.

Les Nègres d'Afrique ont une grande confiance à la limaille de fer ; ils la mêlent avec des fleurs & des fruits de tamarin, & en remplissent des sachets qu'ils portent lorsqu'ils font malades, & qu'ils appellent *ouinga*.

Le sachet du sieur Arnould n'étoit peut-être qu'un *ouinga*. Suspendu au dessus du *sternum* & de la poitrine, il préservoit, suivant cet empyrique, de l'apoplexie. C'étoit un remède magnétique, agissant par émanation, qui offroit peut-être une combinaison de fer ou d'aimant, & qu'il auroit été du moins utile de connoître avant de la tourner en ridicule & de la dépriser.

En 1710, le célèbre Docteur Musgrave publia un Ouvrage sous ce titre : *De arthritide anomata* , de la goutte irrégulière. Après avoir attribué la colique , la dyssenterie, les abcès dans les inteſtins, les vapeurs mélancoliques , les vertiges, les paralyſies, les maux d'yeux & de dents aux mouvemens irréguliers d'un fluide qui circule dans l'homme , il ne voit dans la goutte qu'une humeur épaiſſie par l'abſence de ce fluide. Réuniſſant alors à cette théorie des procédés magnétiques, il preſcrit aux goutteux cette préparation extérieure de limaille de fer.

« Arroſez d'urine humaine une certaine
» quantité de limaille de fer ; laiſſez - la
» ſécher au ſoleil ou à l'air , en la remuant
» deux fois par jour , pour empêcher que
» les parties ne s'uniſſent. Lorſque la maſſe
» eſt entièrement rouillée, on la pile dans
» un mortier de fer. On réitère la même
» opération juſqu'à ce que la limaille ſoit
» en pouſſière. Alors on s'en ſert en appli-
» cation».

Dans le Journal de Phyſique du mois de Mai 1776 , un Anonyme a publié un Mémoire où l'attraction magnétique du fer au

travers des pores eſt établie. «Je me trouvai,
dit-il , il y a environ trois mois, auprès
d'une perſonne qui ayant long-temps tenu
une jambe ſur l'autre , & l'ayant levée enſuite, ſe plaignit d'un engourdiſſement tres-
douloureux dans la jambe qui avoit ſupporté
le poids de l'autre : puis ſe rappelant le
moyen dont elle ſe ſert pour appaiſer cette
douleur quand elle eſt trop vive , elle tira de
ſa poche une petite clef de fer , qu'elle gliſſa
entre la plante de ſon pied chauſſé & ſon
ſoulier , ce qui diſſipa le mal ſur le champ.
Frappé de ſon action & de ſon effet , qui
me paroiſſoit un peu imaginaire , je fis
pluſieurs queſtions à ce ſujet. La perſonne
me répondit : « C'eſt une connoiſſance
» répandue dans l'Aunis ; mais l'origine
» m'en eſt inconnue : quant à l'effet, il eſt
» certain. Il ſuffit même d'appliquer un
» morceau de fer près ou au deſſous de la
» cheville du pied pour faire évanouir l'en-
» gourdiſſement. On guérit également celui
» du bras, en appliquant le fer ſur le pli de
» cette partie, ou en le tenant dans la main».
La confiance que j'avois à ce récit n'étant
pas des plus complettes, ajoute l'Anonyme,
je réſolus de la vérifier à la premiere occa-
ſion,

fion , par une épreuve fur moi-même. Elle ne tarda guères ; & je fuis aujourd'hui convaincu qu'il n'y a rien de plus certain. . . . . M'approchant ces jours derniers d'une table pour dîner, je reffentis une vive douleur de goutte - crampe près la cheville du pied gauche. Je fongeai auffitôt que le fer pourroit l'appaifer. En conféquence, j'appliquai une petite clef tiède fur la partie douloureufe, & dans moins d'une minute , cette gouttecrampe, qui ne me quitte qu'après deux ou trois reprifes, s'évanouit entièrement.... J'en ai parlé dans l'Aunis à différentes perfonnes; la plupart n'y ont rien trouvé de furprenant, parce qu'elles étoient inftruites de cela ».

Le même Auteur propofe enfuite quelques effais à faire de l'aimant fur des paralytiques & des épileptiques. Nous allons en rapporter trois.

Premier effai. Soit un fujet ayant un bras paralyfé ; qu'on l'ifole comme pour être électrifé, que les bras foient étendus parallèlement dans la direction *du nord au fud* , le bras fain de ce dernier côté : fufpendez alors par des cordons de foie, dans la même direction, un barreau d'acier bien aimanté , le pôle nord touchant au bout de ce bras :

I

suspendez pareillement au bout de l'autre bras une barre de fer non aimantée, dont la masse soit beaucoup plus grande ou beaucoup moindre que celle du barreau d'acier; tirez alternativement ces barreaux par des cordons de soie ; placez à l'extrémité extérieure d'un de ces barreaux une machine électrique dont le globe ou plateau ait l'équateur parallèle à celui de la terre, le conducteur dirigé sur un des barreaux. Electrisez le paralytique, tantôt par l'un, tantôt par l'autre.

Second essai. Placez un homme sain debout sur un gâteau de résine, ayant sous la plante de chaque pied un barreau d'acier aimanté, les pôles dirigés comme ci-dessus. Suspendez au bout du conducteur, une chaîne de laiton assez longue pour que les deux bouts puissent toucher les pôles sud des barreaux qui dépassent les talons de l'homme qui est sur le gâteau. Asseyez sur ce gâteau, & un peu plus bas, un épileptique, ayant sous les pieds deux barreaux de fer non aimantés. Faites porter de temps à autre *sur sa tête* les deux mains de l'homme qui est debout, tandis qu'on l'électrise par un globe disposé comme ci-dessus.

Troisième essai. Couchez un épileptique dans toute sa longueur sur un banc assez large. Suspendez deux barreaux de fer, leurs deux bouts dirigés & touchant à ses talons. Substituez au globe de verre d'une machine électrique, un globe de fer en tôle, ou le corps d'une bombe ayant pour axe un gros barreau d'acier bien aimanté, & dont les extrémités débordent les supports. Ajoutez à ce globe tout l'appareil ordinaire ; tournez ses pôles suivant les règles déjà prescrites ; présentez à l'un d'eux la tête de l'épileptique ; faites tourner le globe, & tirez de temps en temps les barreaux de fer qui sont aux pieds du malade.

La puissance de l'aimant, qui peut avoir tant d'influence sur l'art de guérir, n'est pas encore approfondie ; & ce seroit un vrai service que M. Mesmer auroit rendu à l'humanité, si la commotion donnée aux esprits par son système pouvoit du moins en tourner quelques-uns vers ce but utile.

L'aimant doit agir sur l'homme, si les liquides qui circulent dans celui-ci offrent à cet agent des particules attirables, si le fer abonde dans les canaux de sa conformation intérieure, si l'enveloppe qui l'entoure,

criblée & poreuse , peut laisser échapper &
pénétrer en lui un fluide qui , circulant de
même autour du globe dans une direction
connue, n'entre dans le sein de la terre par
l'un de ses pôles que pour en sortir par
l'autre, & suivre un courant déterminé.

De Magn.
Lib. 1 , Part.
1 , Cap. 4.

Les Médecins du seizième siècle eurent
tellement l'idée que le corps humain pouvoit être soumis à l'influence d'un fluide
aimanté , qu'ils le crurent sans cesse rempli
de ce fluide , & par conséquent un aimant
lui-même. « Plusieurs assurent , dit Kircher,
» que la propriété magnétique abonde dans
» l'homme à un si haut dégré , que si,
» jouissant d'une impassibilité absolue , il
» pouvoit être placé sur un pivot au milieu
» des ondes , dans un parfait équilibre , il
» se dirigeroit naturellement comme une
» boussole vers les deux pôles ».

Gallien, qui illustra la médecine, mêloit
de l'aimant dans toutes ses applications ,
sur-tout lorsqu'il s'agissoit de guérir des
plaies faites avec le fer.

Cardan rapporte qu'un empyrique ,
nommé Laurent Grasc, parut de son temps
à Tours, & étonna cette ville par des guérisons merveilleuses. Après avoir fait à ses

malades de profondes incisions, il les guérissoit avec des applications d'aimant.

Hollerius, suivant un procédé qu'il avoit
puisé chez les anciens, conseilloit, pour
faire cesser les vertiges & les migraines,
d'appliquer *sur les sinus frontaux* le pôle sud
d'un barreau magnétique, & il assure que
sitôt après cette application, le mal est
suspendu comme par enchantement.

Klarik se rendit fameux à Gottingue, il
y a quinze ans environ, par un moyen
très-prompt d'arrêter le mal de dents : il a
annoncé que ce moyen consistoit à diriger
le visage du malade *vers le nord*, & à
toucher avec le pôle sud d'un aimant la dent
affectée. C'est ici la direction, le procédé
du magnétisme moderne. Il est à croire que
Daniel Bekker connoissoit cette manière de
guérir dès le commencement de ce siècle,
& l'avoit déjà appliquée à l'ondontalgie (1).

MM. d'Arquier, de Toulouse, & de la
Condamine, Médecin à Romans, en Dauphiné, ont opéré des cures semblables sur

Journ. de
Méd. 1767.

____

(1) *Ipse ego odontalgiam curâ hâc profligavi, & cum anteà im-*
mensis dentium cruciatibus obnoxii nonnulli essent, remedio cessa-
runt ; quid causæ subsit, non est hujus loci disserere, experientia
hic sufficiat.

Bekk. Spa-
gyr. Cap. 13,
p. 89.

I 3

les dents malades, par le moyen de l'aimant. On a reconnu qu'on pouvoit l'employer avec avantage pour diſſiper les indigeſtions occaſionnées par éréthiſme, les douleurs rhumatiſmales & les palpitations do cœur ordinairement produites par un ſang viſqueux & épais, qui ne peut circuler avec aiſance.

Les Mémoires de l'Académie de Gottingue rapportent une obſervation de M. Weber, faite ſur un vieillard qui voyoit d'un œil les objets triples, lorſque quelque émotion lui faiſoit porter le ſang à la pête, & qui ne pouvoit être guéri que par l'application d'un aimant au coin de l'œil malade.

Dans le numéro 29 de la Gazette de Santé pour l'année 1775, M. Deſcemet, Médecin de Paris, indique une méthode de ſe ſervir de l'aimant dans les diverſes maladies; méthode dont il s'eſt ſervi avec ſuccès.

« Dans les douleurs de rhumatiſme, dit-il, ſi la douleur eſt à la tête, l'aimant appliqué ſur le crâne la fait ceſſer : ſi elle eſt ſur les dents, l'aimant placé ſur les tempes, les cornes en bas, la douleur diſparoît.

» Si la douleur ſe fait ſentir à la hanche, il faut appliquer l'aimant au deſſous du genou, les cornes en haut sur la tête du péroné : si elle affecte la jambe, il faut l'appliquer sur le tarse, les cornes en arrière. Est-elle retranchée dans le gros orteil ? l'aimant appliqué sur la dernière phalange, les cornes en arrière, la dissipe.

» Si le rhumatisme est à l'épaule, on place l'aimant sur le condile externe de l'os du bras; sur le poignet, si la douleur attaque l'avant-bras; sur le métacarpe, si le poignet est affecté; & enfin, sur les dernières phalanges, les cornes en haut; si le siége de la douleur est dans le métacarpe.

» On a observé plus d'une fois, ajoute M. Desbois, que l'aimant, mis sur la tête, a dissipé des surdités spasmodiques, des bourdonnemens d'oreille, des gonflemens de cou, & des mouvemens involontaires de la tête.

» Dans les palpitations de cœur, on l'applique favorablement sur la poitrine, les cornes en bas.... On a remarqué quelquefois que, dans cette circonstance on éprouvoit de l'embarras dans le cou & dans la tête, avant que la palpitation cessât; & que lorsqu'elle cessoit, le malade tomboit dans une légère défaillance, semblable à celle qui succède à la fin des palpitations pour lesquelles on n'a point employé l'aimant.

» On prévient cet embarras de la tête &
du cou en commençant à placer l'aimant
sur la tête pendant quelques momens, &
en le descendant ensuite sur la poitrine, au
niveau de la base du cœur. Les palpitations
augmentent un peu lorsque l'aimant est sur
la tête. Elles deviennent plus fréquentes
lorsque l'aimant est descendu vers la base
du cœur. Enfin, le calme se rétablit & les
palpitations cessent ».

M. l'Abbé le Noble, depuis M. Descemet,
a appliqué l'aimant dans une foule de cas,
& l'a toujours vu rendre le sang plus fluide,
diminuer l'épaississement des humeurs, ôter
l'anxiété & les douleurs, & produire mille
effets sur l'économie animale, tous aussi
surprenans que salutaires.

M. Mesmer a commencé par employer
l'aimant matériel avec succès avant de réflé-
chir sur l'aptitude du fluide qui le dirigeoit
à être approprié de même à l'art de guérir.
Ce ne fut qu'après une cure célèbre que
voyant dans le fer & l'aimant des conducteurs puissans d'un fluide universel répandu
dans l'espace, il le crut propre à être soutiré
par les pointes, comme le fluide électrique,

à être dirigé au travers des pores de la peau dans les êtres vivans, à y être accumulé, & à y faire renaître & la vigueur & la santé. Sans doute lorfque l'agent aërien n'a pu fuffire pour produire des crifes, il eft poffible qu'il ait encore employé des préparations magnétiques ou l'aimant pour les exciter ; & ce qui l'annonceroit, c'eft qu'il lui a trop bien réuffi pour l'avoir entièrement abandonné. Il eft utile de configner ici l'hiftoire qu'il nous a donnée lui-même du procédé qui l'a conduit à fa découverte.

« J'avois, dit-il, fur l'aimant les con- noiffances ordinaires ; fon action fur le fer, l'aptitude de nos humeurs à recevoir ce minéral, & les différens effais faits tant en France qu'en Allemagne & en Angleterre pour les maux d'eftomac & douleur de dents m'étoient connus. Ces motifs, joints à l'analogie des propriétés de cette matière avec le fyftême général, me la firent confidérer comme la plus propre à ce genre d'épreuve. Pour m'affurer du fuccès de cette expérience, je préparai ma malade, mademoifelle Cefterline, dans l'intervalle des accès, par un ufage continué des martiaux.

» Celle-ci ayant éprouvé, le 28 Juillet

Mém. fur le Magn. anim.

1774, un renouvellement de ses accès ordinaires, je lui fis l'application sur l'estomac & aux deux jambes, de trois pièces aimantées. Il en résultoit, peu de temps après, des sensations extraordinaires ; elle éprouvoit intérieurement des courans douloureux d'une matière subtile, qui, après différens efforts pour prendre leur direction, se déterminèrent vers la partie inférieure, & firent cesser pendant six heures tous les symptômes de l'accès. L'état de la malade m'ayant mis le lendemain dans le cas de renouveler la même épreuve, j'en obtins les mêmes succès. Mon observation sur ces effets m'éclaira d'un nouveau jour : en confirmant mes précédentes idées sur l'influence de *l'agent général*, elle m'apprit qu'un autre principe faisoit agir l'aimant, incapable par lui-même de cette action sur les nerfs, & me fit voir que je n'avois que quelques pas à faire pour arriver à la théorie imitative, qui faisoit l'objet de mes recherches....... Alors j'annonçai la nature & l'action d'un magnétisme animal, & l'analogie de ses propriétés avec celles de *l'aimant* & de *l'électricité* ».

Ces divers exemples de l'heureuse appli-

cation de l'aimant au corps humain, peuvent
encourager les Médecins , & les engager
à ne point dédaigner un agent dont les
propriétés font à peine connues , que
Comus dirige habilement pour nos plaifirs,
mais dont la médecine s'eft fervi rarement
pour faire naître , par fon moyen , plus de
fanté & de bonheur. C'eft à eux à démontrer
par des faits nombreux & une expérience
conftante , fi le fluide général qui paroît le
mouvoir, ne rend pas un compte auffi fatis-
faifant des effets apperçus dans ceux qu'on
magnétife , que la force de l'imagination ,
de l'irritation à laquelle on s'efforce d'attribuer tant de pouvoir. Puiffent-ils , lorfque les partis feront diffipés , les rivalités
du moment éteintes , les diatribes réciproques oubliées ; lorfque le choc des intérêts ,
des opinions , de l'amour - propre n'aura
plus d'effet ; puiffent - ils , calmes & tran-
quilles , après vingt ans de foins & de
travaux , nous apprendre ce qu'il faut
croire , raffembler & claffer les faits ! Car ,
fuivant le mot de Kirkland , « un grain
» d'expérience en médecine , vaut mieux
» qu'une livre de raifonnement ». Puiffent-
ils , éloignés de ces comités bruyans qui

approuvent ou blâment avec la même légèreté l'objet qu'ils ne connoissent pas, qui passent alternativement de l'adoration au mépris, pour revenir ensuite de l'indifférence à l'enthousiasme ; puissent-ils étudier le magnétisme, & ordonner alors ce que l'humanité aura le droit d'en espérer ou d'en attendre !

CHAPITRE XXIV.

Idée sur la Rage.

LA rage, cette maladie affreuse, qui glace d'effroi celui qui en considère les suites violentes & terribles, servit à convaincre les Anciens de la puissance des émanations. La répulsion interne, excitée entre les corpuscules du fluide magnétique, leur discorde, leur fuite réciproque, ne pourroient-ils point expliquer ces anxiétés, ces fureurs subites qui agitent l'infortuné à qui la rage a été communiquée? Ce mal cruel ne peut provenir en effet de la configuration particulière du chien, l'animal qui la propage le plus ordinairement, puisqu'il n'est pas le seul qui en soit affecté, & que d'ailleurs beaucoup d'autres animaux ont sa conformation intérieure. Ce n'est point une propriété délétère de sa salive, puisque celle des autres la partage. Ce seroit donc plutôt un poison actif, né d'une émotion vive, d'un désir ardent, d'un transport furieux, qui a changé le courant ordinaire des esprits, & leur en a donné un contraire. Chaque corpuscule alors se repousse, au lieu de s'unir; de-là des mouvemens anti-

pathiques, intérieure & funeſtes. Dès-lors
une action diſcordante irrite les nerfs, &
détruit même dans le malade, le pouvoir
de l'intelligence. Des flux & reflux rapides
& déſordonnés le bouleverſent, l'épuiſent
& cauſent ſa mort.

On ſait que le ſang de l'homme emporté,
bû à l'inſtant de ſa colère, cauſe le maraſme
& le deſſéchement ; & les Hiſtoriens ont
rapporté que le plus ſubtil des poiſons employés par Alexandre VI, étoit en partie
compoſé de la bave écumante d'un animal
mis en fureur.

Si le magnétiſme rétablit le cours du
fluide vital, s'il porte avec lui des corpuſcules attractifs qui enchaînent à leur ſuite
ceux qui ſe ſont égarés dans le corps humain, qu'on magnétiſe le frénétique, &
ſur-tout celui qui, en proie aux convulſions
de la rage, eſt abandonné avec horreur, &
n'attend plus qu'une mort effrayante & certaine : qu'on le magnétiſe ; que pour accélérer & accroître l'influence du fluide aërien,
on ſuſpende autour de lui des aimants qui
le tranſmettent avec plus de force ; & ſi le
ſuccès ne couronne pas les ſoins du Médecin bienfaiſant & ſage, il aura du moins la
conſolation de l'avoir tenté.

CHAPITRE XXV.

Effets curatifs de la Musique.

L'un des remèdes magnétiques les plus puissans, c'est la musique. C'est par la doctrine des émissions du fluide aërien, qui, comprimant la vaste étendue des mers, y produit le flux & le reflux; qui dominant sur les végétaux, les animaux & l'homme, porte de même en eux une fluctuation utile, qu'on peut expliquer ces miracles d'un art aussi agréable pour ceux qui n'ont aucun mal, que salutaire pour ceux qui sont affectés des piqures mortelles de certains reptiles, de la frénésie, des affections convulsives, & de toutes les maladies produites par l'épaississement des humeurs. La musique hâte le mouvement des esprits, soit par les vibrations que les sons donnent à l'air, soit par l'application avec laquelle on les écoute, soit enfin par les profondes émotions qu'ils causent. Elle émeut & fait circuler le fluide vital, ébranle les nerfs, & leur donne des oscillations bienfaisantes. Qui doute de son pouvoir sur les passions de l'ame, qui en ont elles-mêmes un si grand sur les maladies du corps? Qui ne connoît ses prodiges anciens, admirés par ceux qui les virent, & qui nous ont été transmis par eux, avec une sorte de vénération & d'enthousiasme?

Antiq. Lib. 8, Cap. 2.

Chez les Juifs, c'est David qui éloigne l'esprit méchant, c'est-à-dire, le mal du malheureux Roi d'Israël; c'est son fils Salomon à qui Dieu daigne découvrir, suivant Joseph, plusieurs airs propres à bannir de ses sujets, la contagion & divers maux.

PLUTARQ. de Music.

Chez les Grecs, Thimotée, l'inventeur du genre chromatique ou passionné, calme les fureurs d'Alexandre; le Thébain Isménias guérit des gouttes sciatiques, en s'accompagnant de la cythare; Thalès de Crète, avec les sons touchans de sa flûte, délivre Lacédémone d'une épidémie qui commençoit à y répandre la mort & le deuil; & dans la même ville, Terpandre avec sa lyre, appaise une sédition.

Ailleurs, Pythagore étonne l'Italie, & sur-tout Crotone, par ses accords harmonieux; & fait succéder dans le cœur d'une jeunesse licentieuse, l'indifférence à l'amour.

Ailleurs, & dans des temps plus modernes, c'est

c'eſt un Danoïs, qui, à la Cour d'Eric, ſuſpend les douleurs par la muſique, & procure des criſes utiles; c'eſt enfin un Roi de Danemarck, qui voulant éprouver ſi un homme qui étoit tout à-la-fois Médecin & Muſicien célèbre, pouvoit par des ſons inſpirer la fureur, en fit ſi bien l'expérience, que dans un tranſport extraordinaire, il s'élança ſur ſon favori, & le tua.

La muſique agiſſant ſur le phyſique, peut-être encore plus que ſur le moral, a ſur les animaux la même influence que ſur l'homme. Auſſi, Pline & Elien ont rapporté une foule d'exemples où des dauphins, des ſangliers, des cerfs, des chameaux, des ours mêmes ſe ſont laiſſés toucher aux charmes de l'harmonie. Ce Linus, cet Orphée, placés par la fable au milieu des bêtes fauves qui les reſpectent; cet Arion, ſauvé des flots par un dauphin épris de ſa voix, ne ſont point des allégories d'une fiction, mais les emblêmes d'une vérité.

Jean-Baptiſte Porta a décrit un grand nombre d'effets ſympathiques produits par la muſique: pluſieurs Médecins lui ont attribué la guériſon d'une foule de maux: ceux qui magnétiſent n'ont donc employé

ALBERT KRANTZ. BAUDELOT, de l'Utilité des Voyag.

K

qu'un moyen bien reconnu pour curatif, en réunissant la musique à leur traitement.

Déjà, dès les premiers temps, & sitôt que l'art de guérir commença à n'être plus le simple fruit du hasard, Démocrite assuroit que le son de la flûte guérissoit des affections mélancoliques, & de la piqûre des reptiles venimeux; Théophraste vouloit que la musique fût un excellent remède contre la goutte sciatique, & les douleurs; & Apollonius la prescrivoit pour guérir les palpitations de cœur, & les maux de nerfs.

Marcianus Capella, que ses talens firent élever à la dignité de Proconsul, dans son Ouvrage sur les Arts libéraux, qui parut à la fin du cinquième siècle, prétend que plusieurs fièvres ont cédé au pouvoir de l'harmonie; & ce sentiment est conforme aux Observations de MM. Dodart & de Mandajors, insérées dans les Mémoires de l'Académie des Sciences.

Le premier nous apprend qu'un homme attaqué d'une fièvre aiguë, avec des redoublemens, tomba le septième jour dans un délire affreux, qui ne s'appaisa que lorsqu'il entendit chanter par hasard les cantates de Bernier. Dès les premiers sons, les convulfions ceffèrent ; fon agitation extrême fe calma. La fièvre fut interrompue pendant tout le temps du chant, & reprit avec violence, fitôt qu'aucun air ne fe fit entendre. On chercha à continuer le remède qui paroiffoit avoir fi bien réuffi ; & on ne fut pas trompé dans cet efpoir : le délire & le mal furent toujours arrêtés pendant les concerts ; &, après dix jours de mufique, ils difparurent entièrement.

Le fecond rapporte qu'un Maître à danfer, fatigué à la fin du Carnaval de 1708, des exercices de fa profeffion, prit une fièvre ardente, à laquelle fuccéda, au bout de cinq jours, une profonde léthargie. Celle-ci ne fe diffipa que pour livrer le malade aux horreurs d'une frénéfie terrible, pendant laquelle il falloit le tenir étroitement, pour l'empêcher de fortir du lit, & de fe précipiter. Dans cet état critique, M. de Mandajors propofa au Médecin d'employer la mufique. Celui-ci craignit d'abord que l'adminiftration d'un remède fi peu ufité, ne le rendît ridicule ; mais vaincu par la vue du danger de l'homme, il y confentit. Un ami du malade prit un violon ; dès les premiers fons, les yeux de ce dernier, de ternes, d'égarés qu'ils étoient, se fixèrent sans trouble sur le Musicien : bientôt ses mouvemens s'adoucirent, & se bornèrent à marquer la mesure. Le sommeil survint. Lorsqu'il fut dissipé, de nouveaux airs se firent entendre ; & avec ce traitement harmonique, le malade reprit ses forces, & retrouva la santé.

La musique, par l'agitation qu'elle donne à l'air, & par l'impression qu'elle cause, a un tel empire sur le corps, que le cours de ses fluides est accéléré, & que la volonté même n'a pu quelquefois le suspendre. Scaliger dit qu'un Gentilhomme des Provinces méridionales ne pouvoit retenir son urine sitôt qu'il entendoit pincer une corde ou un luth. Le même écoulement survenoit à un Allemand, suivant les éphémérides des Curieux de la Nature, lorsqu'il entendoit résonner une lyre, ou un instrument à cordes.

Borel, associé à l'Académie des Sciences dans la classe de Chymie, assure qu'un charbon malin & pestilentiel, perdit sa malignité, en tenant les malades réveillés par le son des instrumens.

Louis Guyon, dans le troisième Livre

Exercit. 344.

de ses Leçons, attribue la guérison d'une femme incommodée de douleurs de goutte & de rhumatisme, au son de la flûte & du tambour; & la Gazette de Santé, du 18 Janvier 1776, rapporte la fin de la catalepsie du jeune *Fariau*, demeurant à Laon, aux sons d'une flûte, qui lui rendirent le sentiment.

Lorsque la danse de Saint-Gui, *chorea sanctæ Witi*, maladie extraordinaire, espèce de peste qui se communiquoit, & faisoit entrer les malades dans des mouvemens convulsifs qui ne cessoient qu'à la mort; se répandit en Allemagne & en France, on ne trouva pas de remède plus sûr pour en arrêter les ravages, & la borner dans ses progrès, que d'employer la musique, jusqu'à ce que les malades dansant avec fureur, & tombant ensuite dans une transpiration abondante, étoient aussi-tôt soulagés & guéris.

C'est le même moyen qu'on emploie pour la guérison de la piqûre de la Tarentule. Cette araignée, originaire de la Pouille, a huit yeux & huit pattes. Elle devient venimeuse, lorsqu'elle est prête à s'accoupler;

STAUST, Epist. ad Digb.

Acad. des Scienc. 1702, pag. 16.

K 3

& sur-tout dans l'été, lorsque le soleil exalte & fait fermenter le poison qu'elle renferme, & lui cause une sorte de rage qui la fait mordre avec fureur. Son atteinte d'abord n'est guère plus sensible que la piqûre d'une abeille ou d'une fourmi ; mais on ressent bientôt, suivant Baglivi, qui a fait une très-savante Dissertation sur cette matière, une douleur aiguë, suivie d'étourdissemens. Le malade tombe dans une profonde tristesse ; il hait certaines couleurs, & ordinairement celles qui sont obscures ; son pouls s'affoiblit ; sa vue s'égare ; il meurt, si la musique ne vient le sauver. « Quand une » personne se trouve sans connoissance & » sans mouvement, un joueur d'instrumens » essaie différens airs. Le malade commence » à remuer successivement & en cadence » les doigts, les bras, les jambes & le corps. » Il se lève, il danse, augmentant de force » & d'activité. Vous en voyez tel danser » six heures sans discontinuation. M. de » Saint-André, Médecin ordinaire du Roi, » dit dans ses lettres, qu'il a vu un soldat » Napolitain, mordu de la tarentule, danser » presque deux jours sans discontinuer,

» avec une justesse & une agilité surpre-
» nantes. Quand on cesse de jouer, le ma-
» lade cesse de danser ; on le met au lit
» pour reprendre ses forces. Le malade qui
» commence à se sentir fatigué, reprend la
» connoissance & le bon sens peu-à-peu.
» Vous diriez qu'il revient d'un profond
» sommeil, sans se souvenir de sa danse.
» Chaque malade veut un air spécifique
» toujours très-vif. Le venin de la taren-
» tule épaissit le sang, & bouche plusieurs
» de ses conduits : de là l'engourdissement.
» Le sang épaissi fournit peu d'esprits ani-
» maux ; leurs conduits s'affaissent dans le
» cerveau : les nerfs dépourvus d'esprits se
» relâchent ; de là l'inaction, le défaut de
» connoissance & de mouvement. Mais les
» vibrations des airs que l'on joue, agitent
» le sang & le reste des esprits animaux qui
» se multiplient bientôt par l'agitation du
» sang. Agités & multipliés, ils coulent
» dans les fibres & les nerfs ; les fibres & les
» nerfs, mis à l'unisson des cordes sonores,
» reçoivent leurs vibrations, se raccourcis-
» sent, s'allongent successivement ; d'où
» vient le mouvement successif des doigts,

K 4

» des bras, des jambes, de la danſe. L'a-
» gitation de la danſe fait ſuer. Le venin,
» atténué & agité, s'exhale peu-à-peu par
» la tranſpiration; le ſang reprend ſa flui-
» dité, ſon cours ordinaire; le malade ſe
» ſent ſoulagé, & retrouve enfin la ſanté ».

CHAPITRE XXVI.

Procédés du Magnétisme.

La direction de l'aiguille aimantée, sa tendance vers les deux pôles, firent penser aux Médecins anciens, & sur-tout à Paracelce, que l'homme devoit avoir ses pôles, & sa direction. « Le Médecin, dit ce Chy-
» miste, qui ne sait pas s'orienter dans le
» petit monde (l'homme) qui ne connoît
» pas les pôles, ne mérite pas d'être Mé-
» decin ». Lorsque l'anatomie, pour faciliter ses démonstrations, eut divisé le tronc humain en trois parties, la tête, la poitrine & la région épigastrique, les Chymistes du temps en firent trois petits mondes, qui avoient chacun leur axe & leurs pôles. Ce système devint sur-tout un dogme de Vanhelmont, qui admit ensuite une vie particulière & un esprit vital dans chaque partie du corps. L'estomac, le foie, la rate, le cœur, furent considérés par lui comme ayant chacun à part leur principe de mouvement & de vitalité. De l'harmonie de ces vies diverses entr'elles, naissoit la santé qui

PARAGRAN,
Tract. 2.

produifoit la vie générale. De la ceffation de la vie particulière d'un organe, venoit la maladie, que fuivoit trop fouvent la mort. Quelques magnétifans ont fuivi cette divifion horizontale, qui peut fournir plus de clarté & moins de confufion aux explications données à ceux qui, n'entendant pas parfaitement l'anatomie, ne peuvent encore embraffer toute l'organifation de l'homme d'un coup d'œil ; mais elle ne fert de rien pour la pratique du magnétifme.

Il n'en eft pas de même de la divifion longitudinale de l'homme, & qui le partage en deux parties bien diftinctes. Cette divifion paroît avoir été établie par la nature elle-même, qui a donné à chaque partie fes organes propres & réguliers. Si la moële de l'épine du dos réunit ces deux parties, elle femble formée elle-même par deux portions diftinguées ; puifque l'hémiplégie, qui paralyfe la moitié du corps, prend fa fource dans la compreffion ou le refferrement de la moitié de la moële épinière ; & que tandis qu'une partie du corps eft frappée de mort, l'autre jouit du mouvement & de la vie. C'eft à ces deux parties longitudinales du corps humain, que les magnétifans ont donné les noms de pôles; & c'eſt ſur cette diviſion que ſont établis leurs procédés. Pour décrire ceux-ci avec quelque ordre, je les diviſerai en pluſieurs articles.

1°. Le corps partagé du zénith au nadir, c'eſt-à-dire, dans ſa longueur en deux parties, a le côté droit pour pôle *Sud*, & le côté gauche pour pôle *Nord*.

2°. Comme deux barreaux aimantés influent réciproquement l'un ſur l'autre, s'ils ſont oppoſés, c'eſt-à-dire, ſi le pôle *Sud* eſt préſenté au pôle *Nord*, & celui-ci au pôle *Sud;* de même l'homme qui magnétiſe, pour procurer des mouvemens attractifs, & mettre en équilibre le fluide qui circule en lui & dans celui qui eſt magnétiſé, doit ſe mettre en face, & oppoſer ſon côté droit au côté gauche, c'eſt-à-dire, le pôle *Sud* au pôle *Nord*, & le pôle *Nord* au pôle *Sud*. En ſe plaçant derrière la perſonne magnétiſée, & en oppoſant par conſéquent le pôle *Nord* au pôle *Nord*, on excite une répulſion; on change la direction du fluide, & on dérange ſon cours. On emploie quelquefois cette dernière manière pour procurer des criſes, & rétablir la circulation.

3°. Le fluide magnétique fort de la terre, attiré par les rayons folaires, pouffé par le feu intérieur & central. Il paroît abonder principalement dans les régions pôlaires, où la terre applatie offre une furface moins profonde à fon émiffion. Un moyen de recueillir ce fluide plus abondamment, c'eft de communiquer avec la terre, & de fe promener à l'inftant où le foleil, fortant de l'horizon, vient l'élaborer, & hâter fa tranfmiffion dans l'atmofphère.

4°. Ainfi qu'on aimante le fer en le préfentant en pointe & dans fa longueur à une pierre d'aimant; ainfi qu'on fe charge d'électricité par les pointes, le fluide magnétique peut fe foutirer & s'accumuler, en plaçant fur fa tête une verge de fer qui lui fert de conducteur.

5°. Les doigts des pieds & ceux des mains, revêtus d'une membrane extrêmement poreufe, font les pointes naturelles, avec lefquelles on fe charge de magnétifme. Ils deviennent des aimants naturels. Par les uns, on communique avec la terre; par les autres, on foutire le fluide de l'atmofphère; fur-tout en tenant leurs extrémités élevées, ou en les portant dans la direction du courant magnétique, c'est-à-dire, en allant du midi au nord. Les mains & les pieds, à raison de leur action continuelle, ont besoin d'une plus grande abondance de fluide, & d'une plus grande ouverture dans leurs pores. Aussi, Grew, qui a examiné soigneusement ceux des doigts, a prouvé qu'ils étoient très-multipliés, disposés régulièrement sur des ellipses & des triangles sphériques, conformément au cours intérieur du fluide observé dans une pierre d'aimant, & qu'ils étoient sur-tout beaucoup plus ouverts, & plus exhalans que les autres pores.

6°. Après que les doigts de la main ont recueilli plus de fluide qu'ils n'en ont ordinairement, si l'on veut empêcher, autant qu'il est possible, sa trop prompte déperdition, on obstrue les pores des doigts, en repliant ceux-ci, en les serrant contre la main, & en appliquant le pouce sur la seconde phalange de l'*index*; ou bien, on approche les doigts de chaque main, & on les comprime les uns contre les autres, en opposition. Le fluide passe dans la main, & s'échappe bientôt, lorsqu'on lui ouvre une issue plus libre.

7°. Comme une plaque de fer s'aimante plus difficilement que des objets longs & pointus, tels que la lame d'une épée, qui laiffe au fluide magnétique une efpèce de cours à parcourir; par la même raifon, on dirige avec plus de facilité & d'effet, ce fluide fur les diverfes ramifications nerveufes, avec un doigt, tels que le pouce ou l'*index*, qu'avec la main toute entière.

8°. Ceux qui, peu verfés dans l'anatomie, ne connoiffent pas parfaitement le fyftême nerveux, magnétifent avec tous les doigts. Après avoir recueilli le fluide aérien, ils le portent, & le jettent particulièrement fur les finus frontaux & vers les tempes.

9°. La fituation ordinaire pour magnétifer, c'eft de placer le malade en face du magnétifeur. Celui-ci applique fes genoux contre ceux du magnétifé; les doigts de pied réciproquement oppofés.

10°. Dans cette pofition, on met les mains fur les hypocondres du malade, les pouces fur le creux de fon eftomac; les doigts de la main droite fur la rate; les doigts de la main gauche fur le foie. C'eft par ce moyen que s'établit une commu-

nication attractive, un courant magnétique, entre celui qui magnétise & les
parties les plus irritables de celui qui est
magnétisé.

11°. Alors, & après une application de
sept à huit minutes, on tient encore, pendant quelque temps, une main sur les hypocondres ; mais on promène l'*index* ou
le pouce de l'autre du haut en bas, à com-
mencer par la tête dès l'origine du nez,
au-dessus des sourcils, des tempes, &c.
& en descendant ainsi le long des nerfs
des bras & des mains. On suit ce procédé
ensuite avec les deux mains, en dirigeant
toujours la main droite sur la direction du
nerf sympathique gauche, & la main
gauche sur la direction du nerf sympathique droit, afin que les pôles soient toujours en opposition.

12°. Si l'on magnétisoit de bas en haut,
on donneroit un nouveau cours aux liquides
du corps humain ; la tête du malade s'em-
barrasseroit ; & on pourroit lui donner une
commotion funeste au cerveau, & peut-
être une apoplexie.

13°. On prétend soutirer le fluide magnétique de la personne malade, c'est-à-

dire, la magnétiſer négativement, en approchant alternativement & pendant un certain temps, le pouce de l'endroit où l'on veut ôter la trop grande abondance du fluide, & en le retirant en ligne perpendiculaire, à deux pieds environ de diſtance.

14°. Si on électriſe avec le globe de verre, une verge de fer légèrement mouillée, on ſent autour du métal un petit vent frais qui eſt la matière électrique, rendue plus ſenſible dans ſon écoulement, par les parties aqueuſes qu'elle détache de la verge, pour les apporter à la main qui ſe préſente : ainſi, en magnétiſant quelqu'un qui tranſpire, on reſſent quelquefois une certaine fraîcheur ; & le courant du fluide devient plus ſenſible.

15°. Pour que le magnétiſme conſerve ſon action attractive & répulſive, il ne peut ſouffrir une percuſſion violente. L'acier aimanté, placé ſous le marteau, ou jeté avec force ſur le pavé, perd ſa propriété ; ainſi un choc rapide dans l'air par le mouvement du bras, par un trop grand éclat de la voix, rompt la direction du fluide, & empêche ſes effets.

16°.

16°. Lorsque les muscles font retirés & contractés depuis long-temps, il est utile d'aider à leur développement par des topiques émolliens, ou des bains de vapeurs, ainsi que l'ordonnoit avec succès M. de Haën, avant de faire électrifer des paralytiques ; cependant ceci n'est qu'une plus grande précaution ; le fluide magnétique paroissant s'insinuer dans les lieux mêmes où le fluide électrique, plus chargé de particules sulfureuses & grossières, ne peut pénétrer.

17°. Si la direction du magnétisme avec le pouce ou l'*index*, les autres doigts étant repliés, gêne à la longue & fatigue, on peut se servir d'une verge de fer de six à sept pouces de longueur, assez effilée du côté que l'on présente au malade. Les pores du métal dont elle est composée, reconnus pour être à lignes droites, attirent le fluide aimanté qui se trouve dans le magnétiseur, sur-tout s'il est jeune & vigoureux, pour le transmettre au magnétisé.

18°. L'homme sain, qui n'est fatigué d'aucune obstruction, & dont les fluides circulent librement, retire bientôt de la terre & de l'atmosphère, le magnétisme qu'il fournit à un autre. Ainsi, un arbre prend sa force & de la terre où ses racines sont enfouies, & de ses branches multipliées qui sont autant de pointes qui se balancent dans les airs.

19°. La verge de fer tenue perpendiculairement à l'atmosphère, attire le fluide magnétique. On sait que des morceaux de fer, présentés pendant quelque temps à l'air, dans une position verticale, tels que des barreaux de fenêtre, s'aimantent naturellement ; & du Fay a prouvé que c'est de cette seule position perpendiculaire que des verges de fer obtiennent leur vertu aimantée.

Mém. des Scienc.1728.

20°. Les verges d'acier, en effet, qui sont trempées horizontalement, ne peuvent acquérir aucune direction magnétique ; tandis que celles qui sont trempées, ou qu'on laisse refroidir perpendiculairement, se dirigent vers les pôles, & se trouvent aimantées. Ainsi, toutes les fois qu'on porte la baguette magnétique sur les sinus frontaux, & la direction des nerfs sympathiques, on commence ce procédé par tenir pendant deux ou trois secondes sa pointe élevée perpendiculairement à l'atmosphère.

21°. Le baquet n'est point absolument propre au magnétisme ; mais il peut en augmenter l'effet. Il donne d'ailleurs au Médecin magnétisant la faculté de rassembler les malades sous ses yeux, & de les traiter tous ensemble. L'eau est remplie de particules ferrugineuses & magnétiques ; elle est l'un des plus puissans conducteurs de l'électricité ; elle doit donc être très-propre à porter & à propager le magnétisme.

22°. La caisse circulaire qui la contient est ordinairement en bois de chêne. Elle a un pied & demi de profondeur, sur quatre ou cinq de diamètre. Le couvercle est percé de plusieurs trous, dans lesquels on place des baguettes de fer, coudées & mobiles. Cette mobilité, qui permet de les hausser, de les baisser, facilite à chaque malade, placé autour du baquet, le moyen de les appliquer au siège du mal.

23°. Pour augmenter l'intensité du magnétisme du baquet, quelques Médecins ont placé dans l'eau, un cercle de bouteilles ainsi préparées. On frotte chaque bouteille avec vivacité & pendant un certain temps dans une même direction, &

en portant les mains de bas en haut. On la remplit par un foufle prolongé, autant qu'on le peut, d'air infpiré. On la bouche aufli-tôt avec foin, & on la place dans le baquet.

24°. On magnétife encore les bouteilles de cette manière. On tient chacune d'elles par fon fond ; on mouille le pouce de l'autre main, de façon qu'il donne quelques gouttes d'eau. Après avoir introduit le pouce ainfi mouillé dans le goulot de la bouteille, on fait mouvoir celle-ci circulairement fur fon axe ; les gouttes d'eau s'échappent du pouce ; & après ce mouvement, pendant deux minutes environ, la bouteille eft bouchée & placée, ou fur l'eftomac du malade, où elle fait le même effet que la main du magnétifant, ou dans le fond du baquet.

25°. On s'électrife fortement par le moyen d'une chaîne qui aboutit au globe électrique. Les malades, rangés autour du baquet, forment une chaîne magnétique, & communiquent entr'eux par une corde qui les entoure, ou en appliquant mutuellement leurs pouces entre les pouces & les *index* de leurs voifins.

26°. Le Médecin magnétifant fait affluer quelquefois une plus grande abondance de fluide au malade, en employant un inftrument de fer qui préfente, aux deux extrémités, plufieurs pointes parallèles qui fe réuniffent en faifceaux dans le milieu. Il applique les pointes de l'un des côtés à la région épigaftrique du malade, & les pointes de l'autre à fon eftomac. Avec fa baguette de fer, il frotte l'inftrument en ligne droite, comme s'il vouloit l'aimanter, c'eft-à-dire, en partant de lui pour aller au malade.

27°. Pour faciliter les émiffions du fluide moteur, il faut fur-tout une grande propreté, foit dans celui qui magnétife, foit dans celui qui eft magnétifé. « Lavez-vous » fouvent tout le corps, difoit Maxwell, fi » vous voulez éprouver les effets falutaires » du magnétifme ». L'ufage du tabac qui fatigue les fibres du cerveau, celui de ces pommades infalubres, inventées par la beauté pour perpétuer fon empire, & qui, loin de blanchir la peau, ne font qu'en obftruer les pores, ne peuvent être tolérés dans le traitement magnétique. ^{Lib. 2, Cap. 16.}

28°. Ce traitement ordonne des bains,

un exercice modéré & en plein air, la promenade le long des fleuves, & fur-tout en remontant contre leur cours ; la danfe, &, s'il eft poffible, au milieu des champs ; la mufique, la gaîté, & la jouiffance enfin de tous ces biens, fi fimples & fi doux, que la nature fage & bien entendue nous invite à goûter pour notre confervation, en plaçant dans eux l'attrait du plaifir.

CHAPITRE XXVII.

Veſtiges du Magnétiſme chez les divers Peuples.

LES idées naiſſent, s'oublient & ſe renouvellent ; les erreurs & les vérités ſe ſuccèdent & reparoiſſent tour à tour. Jamais une ſcience, de quelque utilité qu'elle ſoit, n'a été inaltérable ; jamais ſa clarté n'a pu échapper au voile dont les ſiècles l'ont obſcurcie. Toutes, créées peu à peu, ſe ſont perdues, & ont été retrouvées enſuite. Les connoiſſances humaines tournent au tour de la vérité, comme la terre autour de l'aſtre qui l'éclaire ; & l'ignorance règne après les lumières, comme les ténèbres après le jour. Ainſi, pluſieurs peuples qui peuvent avoir connu la théorie du magnétiſme, n'en ont conſervé que quelques procédés, & les ont employés même ſans en connoître le pouvoir.

Manéthon, cité par Plutarque, nous apprend que les Egyptiens croyoient que les os d'Horus, c'eſt-à-dire, de la terre cultivée, étoient d'aimant, & que ceux de Typhon étoient de fer ; ce qui annonceroit qu'ils pouvoient avoir reconnu dans les particules magnétiques, le principe de la fertilité. On sait qu'ils connoissoient la faculté attractive de l'aimant, & qu'ils avoient suspendu par son moyen des statues du Soleil & de Sérapis. Dans un temps plus moderne, Prosper Alpin, qui voyagea long-temps en Egypte, & qui en rapporta un traité estimé sur les plantes de ce pays fertile, dit que les femmes y guérissoient les maux par de certains signes, & sur-tout la dyssenterie, par l'application de la main sur le nombril des malades. Elles croyoient s'empêcher de maigrir elles-mêmes, en employant de douces frictions.

Les Babyloniens avoient placé dans le célèbre temple de Bélus à Babylone, la statue du soleil, qui, soutenue en l'air par deux pierres d'aimant, paroissoit sans aucun support. Ils n'avoient point de Médecins, & ils ne connoissoient d'autre régime que de porter les malades au milieu des places publiques, pour les soumettre à l'action de l'air, & de leur tourner le visage au nord.

Strabon rapporte la même chose des anciens Lusitaniens, peuple qui habitoit les bords de la mer, & les côtes du Portugal.

La pierre d'aimant étoit connue des Hébreux sous le nom de *Schabol* : ils s'en servoient dans leurs remèdes ; & ils la trouvoient dans les contrées occupées par les tribus de Gad, d'Aser, & d'Isachar.

L'Inde, créatrice de nos institutions & de nos arts, qui a vu toutes les nations tributaires de ses opinions & de ses idées, paroît le berceau de ces mystères savans & sacrés, imités à Memphis, à Héliopolis, à Eleusis, & dans l'isle de Samothrace. On ne pouvoit y admettre que les hommes célèbres par leurs lumières, les Médecins renommés, les Mucisiens & les Poëtes fameux, doués, pour l'ordinaire, d'une sensibilité extrême. La Franc-Maçonnerie moderne a conservé de ces mystères, & le secret, & les épreuves, & quelques-uns des signes mêmes. Ne seroit-ce point un vestige des anciennes connoissances magnétiques, qui, dans un certain grade, fait promener le pouce ou l'*index* sur les tempes, & sur la poitrine des initiés, qui établit une chaîne entr'eux, en se tenant par la main, & en pressant le pouce à diverses reprises entre le pouce & l'*index* de ses voisins ? La chose s'est perdue ; les signes sont restés. Cette pierre, que Zoroastre employoit pour la guérison des Indiens, & dont la tradition conserve encore les prodiges, peut-elle être autre chose que l'aimant ? Maintenant, les Chinois l'adorent encore, & lui offrent, comme aux Dieux, des sacrifices & des parfums. Dans les Indes de nos jours, le plus grand plaisir des hommes riches & voluptueux, c'est de se faire presser, & pétrir, pour ainsi dire, par des hommes doués d'une grande dextérité, & habitués à cet exercice. Il facilite la circulation des fluides, toujours prêts à s'épaissir, dans un climat brûlant ; & les courans magnétiques qui s'établissent sous des mains agiles, procurent une douce volupté, une langueur agréable, & des effets utiles. C'est par le contact du fluide magnétique, dirigé par la main, que la plupart des Médecins Japonois & Chinois, tels que les Disciples de *Lao-Kium* à *Kiangri*, guérissent la plupart des maux.

Chez les Grecs, qui paroissent avoir emprunté des Indiens un grand nombre de leurs institutions, Hypocrate ne touchoit pas le pouls aux malades : il avoit conservé l'ancien usage des Médecins des temps héroïques, d'appliquer sa main au creux de l'estomac, aux côtés ou aux tempes de ceux dont ils vouloient connoître les infirmités & les maladies internes.

Les Psylles, qui habitoient la Cyrénaïque, contrée de l'Afrique, marchoient sans crainte au milieu des serpens & des reptiles les plus dangereux. On voyoit, dit Pline, Lib. 7, C. 2. » ces ennemis de l'homme tomber à leur » vue dans un assoupissement profond. Les » Psylles guérissoient leurs morsures par » des attouchemens particuliers ».

Les Marses, qui occupoient en Italie le pays appelé encore aujourd'hui le duché *di Marso*, avoient, suivant les Historiens anciens, le même secret, le même pouvoir.

Tavernier rapporte que les Tartares Circassiens, pour recouvrer la santé, appellent des femmes qui chassent, par des signes, le malin esprit ou le mal, & le font sortir par les pores.

Les *Tay-bou-to-ni*, Médecins du Tunquin, ainsi que ceux trouvés dans l'Acadie, nommés *Autmoins*, rassemblent leurs malades, & fouflent continuellement fur eux pour les guérir.

Les pratiques du magnétifme fe font non-feulement confervées chez différentes Nations, mais quelques-uns de leurs ufages civils paroiffent même en dériver. Pourquoi, tous les Rois, tous les Souverains, dans les premiers fiècles, étant tout à la fois chefs des Guerriers, Pontifes & Médecins des peuples, imaginèrent-ils de ceindre leur tête d'une bande de métal, hériffée de pointes, & en firent-ils des diadêmes & des couronnes ? Pourquoi, tous ces Dieux anciens, qui cachent fous leur obfcure Hiftoire, celle des Empires & de leurs révolutions, font-ils toujours repréfentés avec des fceptres de diverfe forme, mais tous portés perpendiculairement à l'atmofphère, & fe terminant en une ou plufieurs pointes ? C'eft, ou le fceptre de Jupiter, ou la fourche de Pluton, ou le trident de Neptune, ou le caducée de Mercure, ou la verge de fer d'Eaque, ou le bâton ferré d'Efculape. Les anciens, en perfonifiant le fommeil & les fonges, leur mirent en main une baguette ; & dès la plus haute antiquité, chaque peuple forti fans doute, comme un effaim, de la même famille, mais à des époques différentes, conferva cependant à fes Prêtres, à fes Hyérophantes, à fes Arufpices, à fes Druides, à fes Magiciens, à fes Médecins, à fes Sorciers, la baguette qui faifoit naître les cures miraculeufes & les prodiges.

L'ufage de communiquer fympathiquement avec fes amis, en leur touchant la main, étoit connu des peuples d'Italie, des Grecs, des Hyrcaniens, & remonte jufqu'aux Mèdes.

C'eft par un procédé magnétique, l'impofition des mains, que toutes les Nations ont conféré leur facerdoce, auquel a prefque toujours été réuni l'exercice de la Médecine. Numa, chez les Romains, fe foumit à cette impofition, lorfqu'il fe fit initier.

TITE-LIVE, Décad. 1.

Le falut des Abyffins, à celui qui eft en même-temps leur Pontife, leur Médecin & leur Roi, confifte à mettre le pouce fur la tête, en élevant les autres doigts au ciel, & en touchant de l'autre main la terre.

Le magnétifme, ce fluide fubtil & rapide, uniffant & preffant tous les êtres, fut reconnu, & peut-être divinifé. Ne feroit-il pas cet *Ornus* ou *Oromaze*, le principe de la génération dans l'ancienne religion Perfanne ; ce *Sérapis*, qui, chez les Egyptiens, faifoit naître la chaleur fouterraine, fource de la fécondité ; ce *Zeus* enfin, qui, chez les Grecs, fut l'emblême de la matière éthérée, qui, s'alliant avec Junon, *Déeffe des airs*, produifoit, entretenoit & confervoit le jeu univerfel de la nature ? Ce fyftême fut celui du favant Herward, qui ne vit que l'aimant dans l'Hiftoire de tous les Dieux.

La puiffance de cet Agent, alternativement oubliée & retrouvée, recherchée d'âge en âge, preffentie par quelques Philofophes, a été l'objet des travaux de plufieurs Phyficiens de l'antiquité, & a été appliquée déjà par une foule de Chymiftes, & de Médecins des derniers fiècles, au traitement des maladies & des infirmités de l'homme. Terminons cet effai par la notice rapide des écrits les plus répandus fur cette matière, & des Médecins magnétifans qui ont été les plus célèbres.

CHAPITRE XXVIII.

Syſtêmes & Ecrits qui ont eu rapport au Magnétiſme.

LE plus ancien des Hiſtoriens connus, Sanchoniaton qui écrivit, en neuf Livres, l'Hiſtoire de l'antique Phénicie, attribue la conſervation de l'univers à un eſprit ſubtil, père de l'amour qui unit les êtres, & de la diſcorde qui les ſépare. Suivant lui, cet eſprit, auteur de la ſympathie & de l'antipathie univerſelle, eſt répandu dans l'air. C'eſt un vent délié qui ſoutient & anime l'homme.

L'Auteur qui a recherché quelle a été l'ancienne philoſophie moſaïque, dit qu'elle faiſoit dériver tous les effets de la nature, de l'influence d'un ſouffle puiſſant, dont Dieu établit l'empire dans les airs, & qu'il fit repoſer ſur les eaux ; eſprit délié, incorruptible & ſubtil, qui faiſoit naître dans l'homme les biens & les maux (1).

EUSEB.
Prép. Evang.

---

(1) *Omnes actiones naturæ fiunt immediate à ſpiritu incumbente in aquis , ſpiritus eſt infinitus , incorruptibilis , &c.*

ORIGEN.
Cap. 3.
FRERET,
Mémoir. des
Inscrip. t. 18.

Chez les Grecs, Empédocle embraffant ce fyftême, entretint la Sicile de l'amour & de la difcorde, c'eft-à-dire, de l'union & de la défunion des parties matérielles, qui produifoient l'exiftence de tous les corps. Il admit pour principe général un efprit qui mettoit tout en mouvement. La matière divifée en quatre élémens, créoit par fon attraction & fa répulfion tous les phéno-mènes.

DIOG.
LAERT. L. I.
PLINE, Hift.
Nat. L. 2.

Thalès, qui avoit puifé toutes fes con-noiffances auprès des Prêtres de Memphis, qui, de retour à Milet, fa patrie, y fonda la fecte Ionique, donnoit à l'aimant & à l'ambre une ame active; & Platon reconnut leurs propriétés communicatives.

Dicéarque de Meffène, qui publia plu-fieurs écrits dont il ne nous refte plus que des fragmens, voulut que la fenfibilité na-quît d'un efprit fubtil, & de l'union qu'il établiffoit entre les diverfes parties du corps.

Les Péripatéticiens appeloient qualités occultes, les facultés inhérentes à chaque corps, qui produifoient entr'eux la haine ou l'amour.

Sect. Em-
pyric. Lib. 9.
STRAB. Lib.
16.

Long-temps avant l'établiffement de cette Secte, le Phénicien Mofchus, le pre-

mier

mier Auteur de la Philofophie corpufculaire, fonda la théorie du monde fur celle
des atômes dont il admit la divifibilité.
Cette théorie devint le fyftême favori des
plus grands Philofophes de l'antiquité.

Démocrite, qui rendit un fi grand fervice
à l'hiftoire de la nature, en ceffant d'expliquer tous fes effets par les *nombres*, les
*proportion*s & les *formes*, adopta le jeu des
corpufcules & des atômes circulans dans
l'efpace & dans l'intérieur des corps. Il
accorda une ame, c'eft-à-dire, un principe
de vitalité à chaque atôme; & c'eft en quoi
il différa de Leucippe & d'Epicure.

BURNET, Archæol. L. 1, Cap. 12.

Le premier trouva que leur mouvement
étoit déterminé, & leur impulfion dirigée
par un courant fixe & invariable. Le fecond,
qui jeta des idées profondes fur toutes les
parties des fciences qu'il fe plut à traiter,
crut les atômes indivifibles. Epicure devint
le maître de Gaffendi, comme Démocrite
& Leucippe paroiffent avoir été ceux de
Newton.

M.DUTENS, Découv. des Modern.

La philofophie corpufculaire, paffant,
avec tous les arts, de la Grèce en Italie, fut
bientôt répandue dans cette dernière contrée. Pythagore & fes Difciples annoncè-

M

rent un fluide, ame du monde, qui portoit la vie non-feulement dans l'homme, mais dans les animaux, les végétaux, les minéraux, & dans toutes les parties de la nature. Ils l'appelèrent, fuivant Timée de Locres, la force productrice de l'univers.

Lucrèce, Poëte Philofophe, qui embellit le fyftême d'Epicure du charme des vers, & le fit connoître à Rome, décrivit l'action des atômes, leur direction & leur influence. Il décrivit encore les propriétés de l'aimant dont la vertu fe propage à travers les corps les plus durs, le fluide qui s'en échappe, & cet écoulement matériel & corpufculaire qui fait obéir les particules de fer qui lui font foumifes.

Dans le même temps, le célèbre Afclépiade de Bythinie, rejetant, en grande partie la doctrine d'Hippocrate, qu'il appeloit *une Méditation de mort*, ne prefcrivit que des remèdes agréables. Fondant fon fyftême fur la difpofition des pores, & le paffage d'un fluide attractif, il ordonna les frictions & l'exercice. Il imagina des efcarpolètes, & des lits fufpendus, dans lefquels on berçoit les malades. C'eft par la pratique du magnétifme qu'il mérita le furnom de *Médecin de la fraîcheur*, & qu'il parvint lui-même à la plus extrême vieillesse.

Marc-Aurèle qui sut se délasser des fatigues du trône dans le sein de la philosophie & de l'étude, réfléchissant sur la théorie d'Asclépiade, reconnut dans l'homme un esprit actif, un agent subtil, indépendant de l'ame & du corps, qui procuroit à ce dernier la santé & le mouvement, qu'on acquéroit & qu'on renouveloit par la respiration, qui pénétroit dans tous les fluides, & sur-tout dans le sang dont il s'évaporoit ensuite en vapeurs (1).

Sous l'empire de Galien, Plotin, dont le savoir fut si renommé qu'après sa mort on lui dressa des autels, trouva la cause des sympathies qui existoient entre les divers objets naturels, dans une harmonie qui les portoit à s'unir lorsqu'ils étoient semblables, & à se repousser lorsque les parties réciproques différoient entr'elles. C'est cette puissance d'attraction & de répulsion qu'il nomma *la force magique de la nature* (2).

Porphyr.
in Vit.

---

(1) *Voyez* Lib. 2, n. 2. Lib. 5, n. 33. Lib. 6, n. 16. Lib. 10, n. 7, 38. Lib. 12, n. 3.

(2) *Etenim nullo alio machinante multa ritu quodam magico attrahuntur, veraque vis magica est amicitia in universo, rursúsque discordia.*

Plot. En-
n ad. 4, L. 4.

M 2

Le génie de ce Philofophe fut élevé; mais quelques-unes de fes idées font reftées incompréhenfibles. L'application qu'il fit du fyftême fympathique à l'art de guérir, parut fi furprenante & fi heureufe, que fes contemporains crurent qu'il avoit un efprit familier qui lui apprenoit tout ce qu'il défiroit connoître, & qui lui indiquoit la caufe des maux.

De fpirit. & anim. Cap. 23.

Saint Auguftin conferva dans le cinquième fiècle quelques idées de Plotin, en admettant dans les bêtes un fluide vital, formé de leur fang & d'un air fubtil, qui produifoit dans elles le fentiment & la mémoire; & lorfque les fciences étouffées fous les ruines de l'empire Romain, commencèrent à renaître, & à jeter quelques foibles lueurs, les Arabes accueillirent fa doctrine & la philofophie corpufculaire. Plufieurs de leurs Médecins, tels que *Mézué & Alabècre Arafi*, connu plus ordinairement fous le nom de *Rhafis*, en firent la bafe de leur méthode, & crurent lui devoir leurs fuccès.

Géber, leur contemporain, l'un des plus anciens Chymiftes, eftimé juftement par Boerhaave, écrivit en Arabe & rechercha les propriétés de l'aimant, du fluide général qui le mettoit en mouvement, & auquel il attribua la sympathie & l'antipathie de tous les corps. « Qui connoîtra bien, disoit-il, » la cause de l'amour qui rapproche les » êtres, & de la discorde qui les désunit, » possédera *la clé* de la nature ».

Presque dans le même temps, l'Anglois Gilbert, qui fut peut-être le premier qui parcourut l'Europe en Physicien éclairé, ne vit que le pouvoir du fluide aimanté dans le méchanisme de l'univers. Suivant lui, les astres mêmes pouvoient être considérés comme de gros aimants qui s'attiroient, se comprimoient mutuellement, & dont les influences réciproques les assujétissoient dans leurs orbites. Ce systême plus approfondi a fait la gloire de Newton.

Au commencement du quatorzième siècle, Arnaud de Villeneuve, doué d'un esprit vaste & pénétrant, mais d'une imagination trop ardente, versé dans la connoissance des Auteurs Arabes, y puisa la doctrine magnétique, & l'employa dans le traitement des maladies. Les signes dont il se servit, passèrent bientôt pour magiques. Médecin de Montpellier, il fut déchiré dans

les écrits de ses confrères, & condamné par
la Sorbonne. Aigri par le malheur sur la
fin de ses jours, affaissé sous le poids des
peines d'esprit, son imagination s'alluma,
& ne lui présenta plus que des objets à re-
douter. Mille fantômes l'épouvantèrent ; &
il crut, comme J. J. Rousseau, être devenu
le but de la haine & des injures de tous les
hommes.

Arnaud de Villeneuve étoit mort, lorsque Marsile Ficin, admirateur de Platon, &
de tous ceux qui avoient approfondi la doctrine de ce Philosophe, adopta sur-tout les
idées de Plotin sur les émissions corporelles.
Il assura particulièrement que chaque animal, outre les affections sympathiques qui
l'attachoient aux autres êtres, avoit en lui-
même une vertu attractive qui faisoit agir
de concert plusieurs parties de son corps,
qui leur approprioit les différentes portions
d'alimens, & établissoit enfin des rapports
inattendus entre les divers organes.

Bientôt après parut Pierre Pomponace,
si célèbre par son esprit & sur-tout par les
chagrins que ses idées métaphysiques lui
attirèrent. Son Ouvrage sur les enchante-
mens, *De incantationum occultâ potestate* ,

fit le plus grand bruit. Il y témoigne qu'il
ne croit pas à la magie; mais il assure que la
vertu qu'ont certains hommes de guérir les
maux, est inhérente en eux, & qu'ils peuvent opérer des cures par attouchement,
sans sortilèges & sans miracles. Il ne manque que le nom de *magnétisme* à ce systême.

Dans le même temps, Paracelse remplis-
soit l'Europe de sa réputation. Suivi d'un
grand nombre de disciples, observé par un
plus grand nombre d'ennemis, il étonnoit
les uns, & fatiguoit les autres par sa vanité,
& plus encore par son génie. Il fut l'un des
premiers qui crut devoir attribuer toutes
les maladies à l'absence d'un fluide subtil,
répandu universellement autour des corps,
qui en sortoit, & les pénétroit sans cesse. Il
divisa l'homme en deux *pôles* ; & établit en
lui un axe, comme dans le systême de l'univers. Plein de l'idée qu'il ne falloit que remettre ce fluide dans un juste équilibre pour
voir renaître la santé, il osa proscrire les
remèdes internes, & se dire le *réformateur*
de la Médecine. Ce titre, qu'il auroit pu
justifier s'il fût parvenu à un âge avancé, ne
parut que l'effet d'une présomption extra-

vagante. On ne ceſſa de le perſécuter : cependant, malgré les clameurs de ſon ſiècle, ſa réputation eſt parvenue juſqu'à nous. Elle nous le repréſente encore comme un eſprit hardi, qui avoit ſecoué la rouille des écoles, & ſenti de bonne heure l'enthouſiaſme des grandes choſes.

Depuis Paracelſe, une foule de Médecins ſe ſont fait gloire de ſuivre la doctrine magnétique, & de la répandre en divers lieux.

Barthelemi Coclès vint l'employer en Italie, & faire imprimer des Ouvrages ſur cette matière à Bologne, où il avoit fixé ſon ſéjour. Jean-Baptiſte **Porta**, dont la maiſon fut le rendez-vous général de tous ceux qui cultivoient les lettres, & qui fonda à Naples l'Académie des ſecrets, *de ſecreti*, parce que pour y être admis, il falloit apporter un ſecret ou une découverte, adopta la Philoſophie corpuſculaire, & publia pluſieurs recettes magnétiques dans ſon Traité de *la Magie naturelle*. Les cures opérées par Porta, parurent ſi extraordinaires à la Cour de Rome, qu'y ſoupçonnant de la magie, elle lui fit défendre de guérir (1).

____

(1) Coclès & Porta, abuſant du magnétiſme, & y réuniſſant mal à propos l'étude de l'aſtrologie judiciaire, ſe mêlèrent de

Tandis que Papinien écrivoit fur les fympathies ; qu'Ericius Mohi, au moyen du magnétifme, fermoit les playes fans onguent ;
que le Médecin Ange Sala faifoit difparoître
les ulcères rebelles par un remède qu'il
nommoit *magnétique*, à caufe de la vertu
attractive qu'il lui attribuoit, & qui étoit
une préparation particulière de foufre &
d'antimoine ; Athanafe Kircher, qui étudia
toutes les fciences, & porta dans toutes les
lumières de l'érudition la plus profonde,
ne négligea pas de s'occuper du magnétifme. On lui doit deux ouvrages fur ce
fujet. Le premier fut imprimé à Rome, le
fecond à Amfterdam (1). Ce dernier traite
particulièrement du magnétifme animal,
c'eft-à-dire, du fluide magnétique répandu
dans les animaux, & y opérant des effets
jufqu'alors apperçus, mais qui n'étoient

---

prédire l'avenir. Le hazard fit deviner au premier le genre de fa
mort, & annoncer à Caponi, fon affaffin, qu'avant la nuit il com-
mettroit un meurtre dont il fut en effet victime. Le fecond prédit
au Génois Spinola fes fuccès, s'il vouloit fuivre la carrière des
armes, prédiction que ce dernier remplit.

(1) *Athanafii Kircherii Magnes, five de arte magneticâ.* in-fol.
Rome, 1654.

*Magneticum naturæ regnum, five de triplici naturâ rerum magnete
inanimato, animato, fenfitivo.* Amft. in-16, 1667.

point encore affez approfondis, & qui ne le feront peut-être jamais.

Pierre Servi, premier Médecin du Pape, embraffa le fentiment du Père Kircher, fon ami, & le foutint par fes Ecrits.

Pendant ce temps, l'Allemagne offroit, de fon côte, des Médecins célèbres, croyant à l'influence d'un fluide magnétique , & cherchant à en faire l'application aux maux de l'homme.

Rodolphe Coelen, réuniffant l'étude des hautes mathématiques à celle de la nature, fit imprimer un Traité fur l'Art de guérir les bleffures, par le magnétifme (1). Attaqué dans fes opinions par le Jéfuite Roberti, qui avoit intitulé fa diatribe, *Ruine du magnétifme*, il le défendit avec zèle dans un autre Ouvrage, & prouva qu'il n'avoit embraffé cette doctrine, qu'après l'avoir approfondie.

Ses compatriotes Jean Kofag, Wechtler, Rumelius Pharamond, Hanman, Crollius qui faifoit des cures par l'attouchement, dès l'âge de huit ans ; Scheuneman, l'admirateur de Paracelfe ; Gonthier, Schethammer, Médecin du Duc de Holftein,

In Hydrom. Paracel.

(1) *Tractatus de magneticâ vulnerum curatione.* in-8°.

publièrent divers écrits fur l'emploi du magnétifme dans la médecine. L'un des plus célèbres fut Jean Erneft Burggrave. Egalement diftingué par fon favoir & par fa naiffance, il publia en 1629 fa *lampe de vie*, ou Traité des cures des maladies par le magnétifme (1). Il établit dans cet Ouvrage les principes de la tranfplantation des maux, & des moyens de l'opérer.

Alors parut Van-Helmont. Rempli de cette ardeur pour s'inftruire, qui fait les Ecrivains fameux, réuniffant aux connoif-fances en tout genre, le coup d'œil perçant du génie, il régna fur les Savans de fon fiècle. L'inquifition, étonnée de fes pro-fondes connoiffances dans la médecine, le regarda comme un Magicien, & le fit arrê-ter. Echappé de fes prifons, il alla comme Defcartes, dont il fut le contemporain, chercher la paix & la liberté en Hollande. C'eft-là qu'il publia chez les *Elzevir* fon Ouvrage intitulé: *Des effets du magnétifme fur le corps de l'homme*. Il y développa des idées fortes & neuves, qui lui méritèrent

______

(1) *Biolychnium, feu lucerna vitæ, cui acceffit cura morborum magnetica.* in-12.

des partifans, des contradicteurs & des ennemis.

Parmi les premiers, Sévérin, Salmulth,
Lozel, Sébaftien Wirdig & Bohnius furent
les plus zélés; & ces deux derniers écrivi-
rent chacun un Traité fur *la médecine magnétique des efprits* (1), où ils offrent des
exemples de fympathies & de cures que le
magnétifme·feul a, fuivant eux, pu produire.

Stahl enfin, à qui la chymie doit tant de
luftre & de gloire, trouva dans les Anciens
la doctrine du magnétifme, & en fit des
applications nouvelles & heureufes. Sa pou-
dre *anti-fpafmodique*, fon effence *alexi-
pharmaque*, furent imaginées fuivant l'idée
qu'il s'étoit formée de l'agent univerfel. Sa
vraie théorie médicale, imprimée à Hall,
en 1708, annonça le génie étendu avec lequel il favoit lier toutes les parties de fon
art. On y trouve des penfées profondes, qui
font toutes fondées fur l'exiftence d'un
principe vital qui circule dans tous les êtres,
qui les modifie, qui entretient leur jeu, qui
a dans l'homme une forte de flux & de re-

---

(1) Wirdig , *Nova Medicna fpirituum.* Hambourg, 1688.
Bohnius , *De Spirituum animalium medela.* in-8°.

flux comme tous les courans, & dont l'abfence produit en lui des obftructions, des
paralyfies, des épilepfies, des mouvemens
convulfifs & la mort.

En France, à la fin du fiècle paffé, Nicolas de Lucques avoit déjà écrit fur *le magnétifme du fang*; Laurent Straufi, fur *la
fympathie magnétique* ; & Pierre Borel,
Médecin du Roi, affocié à l'Académie des
Sciences, avoit foutenu toute fa vie la même
doctrine. Dans une differtation qu'il publia
fur *les cures fympathiques*, il admit, non-
feulement l'influence du fluide général fur
l'économie animale, mais encore celle de
la volonté.

L'Angleterre qui, au milieu des ravages
des guerres civiles, jetoit les fondemens les
plus folides des fciences & des arts, ne refta
pas long-temps fans partager avec les nations voifines la théorie magnétique. Ses
Savans les plus célèbres l'embrafsèrent; &
leur nom feul pourroit fuffire pour prouver
que fi elle a perdu fon empire fur les efprits,
elle ne doit être ni ridiculifée ni dédaignée.

François Bacon, fi malheureux comme
homme d'Etat, fi fameux comme Philofophe, admit dans l'homme un *principe*

vital, différent de l'efprit & de l'ame, & donnant le mouvement au corps. Ce principe atténué, & rendu impalpable & invifible par la chaleur, tenoit, fuivant lui, de la nature du feu, la force de pénétrer dans tous les êtres, de porter fon action fur tous les objets environnans; & de la nature de l'air, une fluidité, une flexibilité qui le rendoit propre à recevoir les diverfes impreffions des fons, de la mufique, des chocs violens, & du bruit. « Dans les animaux, » dit Bacon, le principe de vie a fon fiège » principal dans la tête & l'eftomac; il par-» court les nerfs, & il eft entretenu par » le fang dans les artères ».

Robert Flud, qui après avoir parcouru en Naturalifte favant la plus grande partie de l'Europe, revint à Londres pour y confacrer le fruit de fes obfervations à la guérifon des maux, employa fouvent les procédés de la médecine tranfplantatoire, qui eft une branche du magnétifme (1).

L'Ecoffois Rattray ne vit dans cet agent qu'un moyen puiffant, fimple & digne de la majefté de la nature. En l'adoptant comme

____

(1) Ses Ouvrages ont été imprimés à Oppeinheim, en cinq volumes *in-folio*.

principe univerfel , il fut renfermer fon opinion dans de juftes bornes , & il n'accorda point une influence illimitée à l'action de la volonté. Dans fon Ouvrage fur la fympathie des corps , il combattit avec force l'exiftence du chemin particulier que fe frayoient dans les airs , fuivant quelques magnétifans de fon fiècle , les efprits fubtils lancés par elle (1).

Dans le même-temps , Kénelme Digby, Intendant général des armées navales de Charles Ier , Roi d'Angleterre , auffi verfé dans la chymie que dans la politique, trouva plufieurs remèdes qu'il diftribua gratuitement aux pauvres , & fur-tout une compofition magnétique pour la guérifon des plaies. Il vint en France, & y obtint le même accueil que M. Mefmer. Prôné d'abord avec enthoufiafme , il y fut vivement attaqué enfuite. Des Médecins fe déclarèrent contre fa méthode ; d'autres la défendirent ; & les Facultés de Paris & de Montpellier virent plufieurs de leurs Membres s'élever pour ou contre , & fe combattre avec vigueur.

---

(1) *Theatrum fympatheticum auctum ; de pulvere fympathetica à Silveftre Rattray.* in-4°. Norimberg. 1662.

C'est par le magnétisme que Digby expliqua l'action des vents sur le corps humain. Ils font, suivant lui, des fleuves rapides d'atomes attractifs qui nous affectent plus ou moins, suivant les principes qu'ils nous apportent, & qui manquent ou abondent en nous.

Robert Boyle, fondateur de la Société royale de Londres, Mathématicien profond, Physicien éclairé, Observateur ingénieux, entrevit l'action & la réaction que les individus pouvoient exercer entr'eux, & il admit un fluide général qui les produisoit. Dans son Traité justement estimé sur les éfluences corporelles, en prouvant leur admirable subtilité, il établit leur pouvoir & leur influence.

Quelque temps après la mort de ce grand homme, & pendant que Musgrave ordonnoit l'application de compositions magnétiques, le célèbre Freind, surnommé l'*Hippocrate Anglois*, dont tous les Ouvrages font aussi lumineux que bien écrits, attribua les affinités chymiques à un agent magnétique & attractif.

Freind venoit de naître, lorsque Guillaume Maxvell, Médecin du Roi d'Angleterre, publia

à Francfort un Ouvrage divisé en trois
Livres sur la Médecine magnétique (1). On
renoue les principes anciens sur les émissions des corps. Maxwell, en accordant au
principe vital de chaque individu la force
d'opérer à quelque distance que ce soit,
devient le chef de cette secte particulière,
qui, avec des partisans doués d'une imagination active, a donné à la volonté un empire
trop étendu. En admettant, en effet, cette
influence de la volonté d'un individu sur les
affaires d'un autre, comment la réaction de
la volonté de ce dernier ne pourroit-elle
pas empêcher l'effet ? Comment concevoir
que par le seul effet de l'esprit, des corpuscules affluent & parcourent l'espace sans
danger, pour aller produire des chocs à
des distances considérables ? Tout corpuscule, quelque subtil qu'on le suppose,
reçoit de sa nature une gravité spécifique
qui doit le détourner du but qui lui est fixé.
Sa subtilité même doit le rendre le jouet
des courans, & même des croisemens divers
des autres corpuscules répandus & lancés
par une foule d'êtres qui ont chacun des

____

(1) *De Medicinâ magneticâ*, in-16, 1679.

désirs & une volonté. Cette médecine mé-
taphysique fut un abus du magnétisme. Elle
reparoît à Lyon, où ses rénovateurs, distingués par les dons de l'esprit, lui ont acquis
encore quelques partisans. Maxwell fut l'un
des premiers qui l'établit. « Celui, dit-il,
» qui peut mettre en activité l'esprit vital
» particulier à chaque individu, peut guérir
» à quelque distance qu'il ce soit, *ad quam-*
» *cunque distantiam*, en employant l'in-
» fluence de l'esprit universel, *imploratâ*
» *spiritûs universalis ope.* » Une très-grande
conformité se trouve non-seulement entre
le système & les écrits de Maxwell & ceux de
M. Mesmer ; mais ils se ressemblent encore
l'un & l'autre, dans leurs réclamations.
Maxwell se plaignit d'être persécuté par les
Compagnies savantes, d'être la victime de
leurs préjugés, & de ne pouvoir même avoir
la liberté de publier ses opinions, de les défendre & de les prouver. « L'Europe entière,
» dit-il, s'arme contre moi. Les uns cherchent
» à me couvrir de ridicule, comme si des
» injures étoient des raisons ; d'autres, sans
» la connoître, appellent ma méthode dia-
» bolique, magique & funeste. Déjà, depuis
» deux ans, j'ai cherché à me défendre, sans

Med. Aph.
69.

qu'il m'ait été permis de me plaindre & de
prendre même la postérité pour juge ».
Pourquoi faut-il presque toujours que ces
plaintes soient celles de tous ceux qui ont
présenté aux hommes des opinions nouvelles, qui souvent ont été utiles & reconnues pour évidentes, mais que l'habitude
n'avoit pas encore naturalisées parmi eux ?
Enfin, Newton lui-même, le législateur
des cieux, dont le nom seul semble annoncer
la vérité, adopta la doctrine du magnétisme; & nous ne pouvons mieux terminer
cette matière que par l'autorité de ce grand
homme. « Ce seroit ici le lieu, dit-il, Princ. Math.
Lib. 3.
d'ajouter quelque chose sur cette espèce
d'esprit très-subtil, qui pénètre à travers
tous les corps solides, & qui est caché
dans leur substance. C'est par la force &
l'action de cet esprit que les particules des
corps s'attirent mutuellement aux plus
petites distances, & qu'elles cohèrent lorsqu'elles sont contiguës. C'est par lui que
les corps électriques agissent à de plus
grandes distances, tant pour attirer que
pour repousser les corpuscules voisins ; &
c'est encore par le moyen de cet esprit
que la lumière émane, se réfléchit, s'in-

» fléchit, se réfracte, & échauffe les corps.
» Toutes les sensations sont excitées & les
» membres des animaux sont mûs, quand
» leur volonté l'ordonne, par les vibrations
» de cette substance spirituelle, qui se pro-
» page des organes extérieurs des sens, par
» les filets solides des nerfs, jusqu'au cerveau,
» & ensuite du cerveau dans les muscles:
» mais ces choses ne peuvent s'expliquer en
» peu de mots, & on n'a pas fait encore un
» nombre suffisant d'expériences pour pou-
» voir déterminer exactement les loix selon
» lesquelles agit cet esprit universel ».

Tels sont les Philosophes, les Médecins,
les Physiciens les plus connus, qui ont
entrevu ou annoncé jusqu'à nos jours le
magnétisme. L'existence d'un courant dirigeant la boussole & attirant les divers corps,
est réelle; sa direction d'un pôle à l'autre
est déterminée; son application à l'art de
guérir seroit utile, & digne du plan simple
& majestueux de la nature. L'idée de cet
agent unique, modifiant l'univers entier,
remonte au berceau des âges. Semblable à
une statue antique & célèbre que le temps a
renversée, & dont il a dispersé les fragmens
au loin, sa connoissance a germé chez les

divers peuples, & a occupé les Savans de tous les siècles. En jugeant de ce qui nous manque par ce qui est conservé de leurs écrits , on peut croire sans doute que toutes les parties se rapportoient à un systême qui embrassoit l'ordre général , & que leur union a pu former une théorie vaste & noble, qui avoit la vérité pour base. « Tout ce qui arrivera » en effet dans l'avenir , a dit un homme » éloquent , a pu arriver dans le passé. La » Philosophie a ses excès & ses contradic- » tions. Tantôt nous voulons que tous les » hommes se ressemblent, malgré la diffé- » rence des temps & des climats ; tantôt » nous nous croyons seuls capables de cer- » tains efforts : la vraie lumière n'a lui que » depuis que nous vivons. On confond les » temps anciens différemment éloignés du » berceau du monde ; & si on leur fait » grâce de la stupidité, on n'y voit qu'igno- » rance & ténèbres. Mais l'ignorance est en » nous , qui les connoissons mal : les ténè- » bres sont celles de la distance qui brunit » les objets en les rapétissant. L'estime de » nous-mêmes nous trompe : nous nous » croyons au haut de l'échelle , nous n'y

M. BAILLY, Lett. sur les Scienc. page 206.

» fommes pas : nous croyons également
» que perfonne n'y est monté avant nous,
» parce que le temps qui fait difparoître les
» humains, efface auffi leurs traces paffa-
» gères ».

TABLE DES CHAPITRES.

De la *Philosophie corpusculaire*, Page 1

CHAP. I. *Qu'est-ce que le Magnétisme ?* 7

CHAP. II. *Système d'Halley,* 11

CHAP. III. *Direction de l'aimant & du magnétisme,* 15

CHAP. IV. *L'électricité & le magnétisme ont-ils le même principe ?* 18

CHAP. V. *Magnétisme des corps. Eau magnétique,* 23

CHAP. VI. *Influence du magnétisme sur l'art de guérir,* 27

CHAP. VII. *Médecine ramenée à un seul principe. Opinion de Grimps & de Van-Helmont,* 31

CHAP. VIII. *Emanations corporelles,* 37

CHAP. IX. *Effets de la sympathie dans l'homme,* 41

CHAP. X. *Effets de l'antipathie dans l'homme,* 50

CHAP. XI. *Epreuve, ou Jugement de Dieu par le cercueil,* 54

CHAP. XII. *Mouvement & irritabilité des muscles,* 59

CHAP. XIII. *Sympathie dans les mouvemens du corps humain,* 62

CHAP. XIV. *Verge de Jacob, ou Baguette divinatoire,*　Page 66

CHAP. XV. *Effets de l'attraction & de la répulsion dans les végétaux,*　78

CHAP. XVI. *Effets de la sympathie & de l'antipathie dans les animaux,*　84

CHAP. XVII. *La torpille,*　94

CHAP. XVIII. *Médecine transplantatoire,*　102

CHAP. XIX. *Effets de la transplantation magnétique,*　107

CHAP. XX. *Écrouelles guéries par l'attouchement,*　112

CHAP. XXI. *Orteils de Pyrrhus & de l'Empereur Vespasien,*　118

CHAP. XXII. *Remèdes magnétiques anciens,*　121

CHAP. XXIII. *Application du fer & de l'aimant,*　125

CHAP. XXIV. *Idée sur la Rage,*　141

CHAP. XXV. *Effets curatifs de la Musique,*　143

CHAP. XXVI. *Procédés du Magnétisme,*　153

CHAP. XXVII. *Vestiges du Magnétisme chez les divers Peuples,*　167

CHAP. XXVIII. *Systèmes & Écrits qui ont eu rapport au Magnétisme,*　175

Fin de la Table des Chapitres.